我国地方政府债务绩效问题研究

Research on the Performance of Local Government Debt in China

王素芬　著

中国财经出版传媒集团

经济科学出版社

Economic Science Press

图书在版编目（CIP）数据

我国地方政府债务绩效问题研究/王素芬著. --北京：经济科学出版社，2023.7
ISBN 978 - 7 - 5218 - 5006 - 2

Ⅰ.①我…　Ⅱ.①王…　Ⅲ.①地方政府 - 债务管理 -研究 - 中国　Ⅳ.①F812.7

中国国家版本馆 CIP 数据核字（2023）第 149983 号

责任编辑：于　源　刘　悦
责任校对：齐　杰
责任印制：范　艳

我国地方政府债务绩效问题研究
王素芬　著
经济科学出版社出版、发行　新华书店经销
社址：北京市海淀区阜成路甲 28 号　邮编：100142
总编部电话：010 - 88191217　发行部电话：010 - 88191522
网址：www. esp. com. cn
电子邮箱：esp@ esp. com. cn
天猫网店：经济科学出版社旗舰店
网址：http://jjkxcbs. tmall. com
北京季蜂印刷有限公司印装
710 × 1000　16 开　13.75 印张　200000 字
2023 年 8 月第 1 版　2023 年 8 月第 1 次印刷
ISBN 978 - 7 - 5218 - 5006 - 2　定价：62.00 元
（图书出现印装问题，本社负责调换。电话：010 - 88191545）
（版权所有　侵权必究　打击盗版　举报热线：010 - 88191661
QQ：2242791300　营销中心电话：010 - 88191537
电子邮箱：dbts@ esp. com. cn）

前言
Preface

　　自党的十九大提出将"防范化解重大风险"作为三大"攻坚战"之首以来，地方政府债务风险问题一直受到各界的广泛关注，风险的焦点就在于地方政府是不有能力如期足额偿还债务本息，其核心则是债务资金使用绩效。债务资金使用绩效的高低决定了如期偿债可能性的大小，也是地方政府再次举债的信用基础。当前经济下行压力增大，积极财政政策需要持续发力，地方政府债务规模急剧攀升。政府债务资金的有效使用是政府债务管理的核心内容，是迫切需要研究的问题。2018 年 9 月 1 日《中共中央国务院关于全面实施预算绩效管理的意见》（以下简称《意见》）公布，《意见》旨在以全面实施预算绩效管理为突破口，推动各类财政资金聚力增效，提高公共产品与公共服务的供给质量，增强各级政府的公信力和执行力。全面实施预算绩效管理是实现财政治理能力现代化的内在要求，地方政府债务绩效也应纳入预算绩效管理体系，政府债务绩效是衡量政府绩效的重要指标，更是全面预算绩效管理的重要组成部分。

　　本书正是在这样的背景下聚焦地方政府债务绩效问题，地方政府债务风险产生的根本原因既不在其规模，也不在其结构，而在于其使用绩效。地方政府债务资金具有非常重要的杠杆作用，使用得当能带来巨大收益，使用不当也可能导致债务危机。确保地方政府债务资金有效使用是真正的"治本之策"。

　　本书利用 2008 ～ 2018 年中国 31 个省级行政区域（不包括港、

1

澳、台地区）的面板数据，对地方政府债务绩效及其影响因素进行了实证研究。研究内容和结论主要包括以下五个部分。

一是地方政府债务绩效作用机理分析。借鉴逻辑模型、生产函数理论和市场供求理论，通过分析地方政府债务资金的运行逻辑，明确债务绩效产生的因果链条，从理论视角分析了地方政府债务过程与结果绩效如何产生、受何种因素驱动，并提出研究假说。

二是基于"4E"原则测度了地方政府债务绩效。从经济性、效率性、效益性和公平性四个角度综合测量了地方政府债务绩效。其中，经济性指标主要由单位投入产出进行衡量；效率性指标采用DEAP 2.1软件进行数据包络分析（DEA）计算得到；经济性指标和效率性指标共同构成了地方政府债务过程绩效指标。效益性指标主要包括对经济效益和社会效益的衡量，经济效益的衡量采用的指标是人均国内生产总值（GDP），而社会效益的衡量所采用的指标是就业人数；公平性指标采用城乡居民收入差距与消费差距的倒数进行衡量；效益性指标和公平性指标共同构成了地方政府债务结果绩效指标。

三是实证检验了地方政府债务过程绩效的影响因素。以理论分析为基础，从逻辑模型产出层次的内部因素和外部条件出发，选取投入变量和环境变量分别作为核心解释变量，分析其对地方政府债务过程绩效的影响。并采用混合OLS回归和固定效应回归两种方法进行对比分析，基准回归分析结果表明债务投入对过程绩效存在负向影响。环境变量中财政支出分权度与城镇化率对过程绩效的回归系数为负值，其他环境变量均能促进过程绩效的提升；异质性回归分析结果表明西部地区与东中部地区的作用机理存在较大差异，政府在制定债务投融资政策时需要把当地资源禀赋和环境变量要素纳入分析框架，综合研判后因地制宜地确定具体方案。

四是实证检验了地方政府债务结果绩效的影响因素。以理论分析为基础，从逻辑模型效果层次的内部因素和外部条件出发，选取债务产出变量和外部环境变量分别作为核心解释变量，分析其对地方政债务结果绩效的影响。首先对债务产出和外部环境变量对结果绩效的作用进行了基准回归分析，分析结果表明债务产出具有负向作用而外部环境变量具有正向作用；其次通过对比债务产出与外部环境变量基准回归的结果，发现债务产出的拟合优度低于环境变量，因此采用中介效应检验方法验证了债务产出通过产业结构、市场化程度和对外开放程度三个中介变量对结果绩效发挥作用；最后验证了三个中介变量均存在门槛效应，产业结构和对外开放程度都具有双门槛效应，市场化程度具有单门槛效应。通过门槛回归分析进一步明确了债务产出通过中介变量对结果绩效产生影响的作用机制。

五是总结梳理了地方政府债务绩效存在的问题并对原因进行分析，在此基础上提出对策建议。地方政府债务绩效存在区域差距显著、过程绩效波动性大难以实现稳态、结果绩效增长性放缓需要新动能以及过程与结果绩效的提高难以兼得等问题，导致这些问题出现的原因有很多，其中主要有地方政府债务存在区域内竞争、地方债务投入面临双重激励困境、辖区居民的真实需求难以获得以及过程与结果绩效实现机制和驱动因素迥异等，为此分别从提高过程绩效、提高结果绩效以及其他相关配套措施等方面提出了对策建议。

本书的创新之处主要有三个方面：一是基于逻辑模型对地方政府债务绩效的作用机理进行了深入分析。借鉴逻辑模型对地方政府债务资金的运行逻辑进行了抽丝剥茧式的分析，将债务资金使用绩效区分为过程绩效和结果绩效，明确了债务资金的投入、产出以及效果之间的因果链条，为后续的实证分析奠定了理论基础。二是基于"4E"原则对我国地方政府债务绩效进行了测算。发现地方政府债务过程绩效与结果绩效具有截然不同的变动趋势，过程绩效呈现波动式下降，而结果绩效表现为稳步上升。三是将心理学研究中常用的中介效应检验方法用于分析地方政府债务绩效问题，廓清了债务产出对结果绩效的作用路径，发现债务产出主要通过产业结构、市场化程度和对外开放程度作为中介变量对结果绩效发挥作用。

目 录
Contents

第1章 绪论/1

1.1 研究背景及意义/1

1.2 文献综述/8

1.3 研究的主要内容与结构安排/19

1.4 研究方法与创新点/22

第2章 地方政府债务绩效相关概念及理论基础/25

2.1 地方政府债务绩效相关概念/25

2.2 地方政府债务绩效的理论基础/31

本章小结/42

第3章 地方政府债务绩效作用机理分析/44

3.1 地方政府债务过程绩效作用机理/44

3.2 地方政府债务结果绩效作用机理/52

本章小结/57

第4章　地方政府债务绩效测度／58

4.1　地方政府债务绩效评价体系／58

4.2　地方政府债务过程绩效测度／75

4.3　地方政府债务结果绩效测度／87

本章小结／94

第5章　地方政府债务过程绩效影响因素的实证分析／95

5.1　模型设定／95

5.2　实证分析过程／100

5.3　实证分析结论／113

本章小结／115

第6章　地方政府债务结果绩效影响因素的实证分析／117

6.1　模型设定／117

6.2　实证分析过程／120

6.3　实证分析结论／140

本章小结／141

第7章　地方政府债务绩效存在的问题及原因分析／142

7.1　地方政府债务绩效存在的问题／142

7.2　地方政府债务绩效存在问题的原因分析／152

本章小结／158

第8章　提高地方政府债务绩效的对策建议／159

8.1　提高地方政府债务过程绩效的对策建议／159

8.2　提高地方政府债务结果绩效的对策建议／163

8.3　其他相关配套措施／167

本章小结／175

第9章　研究结论及展望／177

9.1　研究结论／177

9.2　不足之处与展望／179

参考文献／181
致谢／204

第1章 绪 论

1.1 研究背景及意义

1.1.1 研究背景

新冠疫情的突然来袭和持续蔓延使积极财政政策实施的必要性上升到前所未有的水平，国际货币基金组织 2020 年 4 月发布的《财政监测报告》指出，预估几乎所有国家 2020 年财政余额状况将会恶化，中国、美国及欧洲一些国家等将呈现大幅财政扩张。实际上，在 2008 年全球金融危机爆发后的 10 年中，私人和公共部门债务一直都在大幅增加。国际货币基金组织 2018 年 4 月发布的《财政监测报告》中指出，2016 年全球债务总额高达 164 万亿美元，这一数据是全球 GDP 的 2 倍还要多。在 164 万亿美元的全球债务中，37% 是公共部门债务。新兴市场经济体对全球债务增长起了主要作用，在 2007 年以来的全球债务增长中，仅中国就占了 43%。为应对新冠疫情对我国经济社会造成的重大冲击，国家实施更加积极的财政政策，2020 年财政赤字、特别国债和地方政府专项债券共同发力，起到了助推经济复苏的决定性作用。但同时也意味着政府的表内债务额外增加了 3.6 万亿元，地方政府债务规模急剧上升，债务风险进一步累积。财政部官方网站数据显示，截至 2020 年 10 月，地方政府债务余额达到 25.81 万亿元，相较于 2014 年底的 15.41 万亿元增加了 67.50%，其中，一般债务余额由 2014 年 12 月的 9.43 万亿元增加到 2020 年 10 月的 12.85 万亿元，增加了 36.31%，而专项债务余额由 2014 年底的 5.98 万亿元增加到 2020 年 10 月的 12.96 万亿元，增幅高达 116.68%，地方政府专项债务余额已经超过其一般债务余额①。对比同期国内生产总值增长趋势，2015～2019 年国内生产总值指数（上年 = 100）一直稳定在 106.74 左右，而地方政府债务余额指数（上年 = 100）在 2017 年就已经超过同期 GDP 指数，达到 107.52，在 2019 年，地方政府债务余额指数更是达到了 115.41，远超同期 GDP 指数 106.11②，地方政府债务增速超过 GDP 增速，地方政府的财政收支压力巨大。

自党的十九大提出将"防范化解重大风险"作为三大"攻坚战"之首以来，地方政府债务风险问题一直受到各界的广泛关注，风险的焦点就在于地方政府是否有能力如期足额偿还债务本息，其核心则是地方政府债务绩效。债务绩效水平是影响地方政府按期清偿债务可能性大小的重要因素，同时也是地方政府进行债务融资的信用基础。地方政府债务问题引起各界的广泛关注，众多学者对此进行深入研究，取得了较为丰硕的成果。但我国地方政府债务还处在不断规范发展的过程中，在不同阶段，所表现的主要矛盾是不一样的，需要深入和持续的分析。受制于地方政府债务发展的现实进程，目前的研究尚存在一些问题和不足：一是大部分学者关注到债务的举借和偿还两个环节，对使用环节的研究还比较少，举债环节集中于对债务成因和债务规模的研究，偿还主要反映在对债务风险和债务可持续性的分析；二是对政府债务使用绩效所包含的具体内容还存在一定的认识分

---

① 债务余额数据来源于财政部官方网站地方债管理专题，具体见：http://yss.mof.gov.cn/zhuantilanmu/dfzgl/.

② 国内生产总值指数数据来源于《EPS 全球统计数据/分析平台》中的"中国宏观经济数据库"。

歧，部分学者把债务支出效率等同于债务使用绩效，仅从债务资金支出效率的角度来分析债务使用绩效难免有失偏颇，不同学者在测算债务资金支出效率时所选择的产出指标不尽相同，因而其结论也并不一致。

当前经济增速减缓，需要更加宽松的财政政策，地方政府债务的规模也会随之加速扩大，债务管理的重要性日趋凸显。政府债务资金的有效使用是政府债务管理的核心内容，是迫切需要研究的问题。2018 年 9 月 1 日《中共中央国务院关于全面实施预算绩效管理的意见》（以下简称《意见》）公布，《意见》旨在以全面实施预算绩效管理为突破口，推动各类财政资金有效使用，从而提高公共产品与公共服务的供给质量，并达到增强各级政府的公信力和执行力的目的。全面实施预算绩效管理是实现财政治理能力现代化的内在要求，地方政府债务绩效也应纳入预算绩效管理体系，政府债务绩效是衡量政府绩效的重要指标，更是全面预算绩效管理的重要组成部分。

本书正是在这样的背景下聚焦地方政府债务绩效问题，地方政府债务风险产生的根本原因既不在其规模也不在其结构，而在于其使用绩效。地方政府债务资金具有非常重要的杠杆作用，使用得当能带来巨大收益，使用不当也可能导致债务危机。确保地方政府债务资金有效使用是真正的"治本之策"。地方政府债务存在规模大、增速快的特点，实际上自分税制改革以来，财权上移而事权下移的改革结果使地方财政经常处于捉襟见肘的境地，地方财政压力不减反增，地方政府债务问题日益严峻。并且由于部分地方政府债务隐蔽性强、缺乏统一口径使地方政府债务风险具有不确定性，以上诸多问题都与债务绩效有着千丝万缕的联系。地方政府债务绩效的高低决定了债务风险的大小，也影响着地方政府债务规模的变动趋势。然而如何评价与怎样提高地方政府债务绩效，还有待进一步的研究和探讨。鉴于此，本书借助逻辑模型，从过程绩效和结果绩效的视角，对债务绩效进行全面分析，通过对地方政府债务的过程绩效和结果绩效进行比较与综合，深入探讨影响地方政府债务绩效的因素，为提升地方政府债务绩效提出合理化建议。

1.1.2 研究意义

曲突徙薪，防患未然。地方政府债务在总体可控时，研究其使用绩效更具有特别的意义，此时地方政府拥有充分的试错成本和战略空间，当债务危机真正出现必须要进行改革的时候，往往已经失去了试错空间和足够资源，更不用说路径依赖的惯性和利益集团的固守。合理测度地方政府债务绩效并分析其提升路径，既有助于研判当前地方政府债务资金使用状况，又可以为后期规范地方政府债务资金用途、全面实施预算绩效管理提供补充参考。本书研究具有理论和现实两方面的意义。我国地方政府债务发展过程是一个由"灰色"地带逐步走向"阳光"地带的过程，地方政府债务的发展实践远早于其理论研究，对地方政府债务绩效的研究仍处于起步阶段，该研究的理论意义在于运用公共产品理论、新公共管理理论等相关理论，对地方政府债务绩效进行测度和分析，进一步丰富了政府债务研究的范围，充实了财政支出绩效的研究对象；其现实意义在于能够为地方政府加强债务管理，缓解财政资金有限性与需求无限性之间的矛盾，形成债务资金充分、有效使用的良性循环提供对策建议，有助于改变以往"重审批轻监管、重投入轻产出"的管理方式，使地方政府债务治理模式从投入导向型转变为结果导向型。

1. 理论意义

对政府债务问题的研究由来已久，从政府负债有害论到政府负债有利论，再到适度负债论，学者们的认识也存在逐步变化的过程。古典经济学者普遍持政府负债有害论，认为政府负债只会给经济增长造成负面影响。大卫·李嘉图在其著作中提出了备受争论的李嘉图等价定理，认为举债等价于征税，两者都会影响国家经济增长。过高的政府债务除了造成通货膨胀外，也会引发银行或货币危机。而凯恩斯主义者则认为，增加政府债务对经济增长有促进作用，其作用机制是政府增加债务用于公共投资，公共投资的增加可以提高总需求，总需求的提高可以增加总产出，进而达到促进经济增长的效果。近年来越来越多的学者认同政府债务必须控制在合理限度内，才能发挥其最佳作用。根据前人的众多研究，本书研究的理论意义有以下三方面。

（1）丰富了地方政府债务问题的研究内容，将债务绩效作为地方政府债务问题的研究切入点，对现有的地方政府债务研究形成有益补充。将研究的关注点从以往的规模、结构和风险等地方政府债务本身的特征转移到绩效问题，因为债务绩效是判断地方政府负债利弊的重要标准。政府债务资金是财政收入的重要组成部分，但由于政府对举债收入没有所有权，只有一定时期内的使用权，因此，地方政府需要在债务到期时偿还债务本息给债权人，债务资金的有偿性使地方政府债务收入的使用必须注重效果，在关注债务规模本身及其所带来风险的同时，更重要的是研究地方政府债务使用绩效。

（2）充实了财政支出绩效的研究对象，将地方政府债务绩效纳入财政支出绩效的研究框架。近年来，地方政府债务支出在地方财政支出中的比重日益升高，债务支出绩效的高低不仅关系到地方政府债务的风险和可持续性，而且已经严重影响地方整体财政支出的绩效高低，甚至威胁地方财政的可持续性。地方政府债务资金是财政预算资金的重要组成部分，地方政府债务绩效与其他财政支出绩效一样，对建立健全财政监督制度、提高财政资金的配置效率和利用率以及增强地方财政的可持续性等具有重要意义。

（3）拓展了政府债务绩效的研究视角，从过程和结果两个维度探究我国地方政府债务绩效。以往研究主要关注结果维度而忽视过程维度的绩效，20 世纪 70 年代末 80 年代初兴起的新公共管理运动将绩效理念引入公共部门时，其绩效理念主要是结果导向的。因为公共部门和私人部门职能定位不同，无法完全像私人部门那样强调成本收益。然而就绩效的字面意思而言，"绩"指的是业绩、结果等；"效"则有效率、效益的意思。就绩效的内容而言，不仅包括一项活动的实施结果，还应包括该项活动实施过程中的投入与产出关系。本书遵循财政支出绩效评价中的"4E"原则，对过程绩效的分析侧重于债务支出的经济性和效率性，对结果绩效的分析则侧重于效益性和公平性。

综上所述，本书研究既丰富了政府债务研究的内容，对政府债务理论形成有益的补充，也充实了财政支出绩效的研究对象，拓展了政府债务绩效的研究视角，具有研究的理论意义。

2. 现实意义

2008 年金融危机以来，我国政府一直采取积极财政政策，增加政府开支以刺激经济增长。但这种积极财政政策出现了长期化的苗头，政府债务规模持续增长。2009 年中央政府出台了"4 万亿元"投资计划，地方政府承担着发展经济的重要职能，是该计划的主要执行者，表现为各地方政府均大规模提高公共投资，地方政府的债务规模急剧攀升。地方政府债务规模问题引起社会各界的广泛关注，国家也密集出台了一系列政策与文件，以规范地方政府举债行为，防范地方政府债务风险。然而 2019 年新冠疫情暴发并持续蔓延，使经济全球化遭遇逆流，出口受阻，消费低迷。为了复苏经济，必须实施更加积极的财政政策。在此情形下，无论是地方政府债券的发行规模，还是其发行速度都创下新高。那么现实中，地方政府债务绩效究竟如何，哪些因素会影响债务使用绩效等都是需要认真研究与深入思考的问题，这对于经济可持续发展与社会和谐稳定均具有重要的现实意义。具体有以下三方面。

（1）为政府加强债务管理、降低债务风险提供参考。党的十九大提出要坚决打好防范化解重大风险攻坚战，政府债务风险是不可忽视的重大风险之一。风险通常意味着不确定性，而不确定性则表示收益与损失并存。从经济现实来看，风险和收益息息相关，高风险也往往意味着高收益。地方政府债务风险也主要是指地方政府债务支出与其收益之间的不确定性，这种不确定性既有期限错配的原因，也有债务投资项目本身的原因，如何考量债务支出所取得的收益，如何提高债务使用绩效以真正降低风险正是本书研究的内容。

（2）为政府在合理规模内进行债务投资提供借鉴。众多学者的研究已经表明，政府债务并不总是能够促进经济增长，两者之间存在非线性关系，地方政府债务规模在一定阈值内是正向作用，而超过这一阈值可能是负向作用。通过对地方政府债务状况和债务绩效的考察，以实证方法定量分析地方政府债务在使用过程中的经济性、效率性以及在产出结果中的效益性与公平性，以研判当前债务投资规模是否已经临近或超过阈值。

（3）为加强地方政府预算约束，强化绩效管理提供依据。过去，地方政府预算存在软约束问题，地方财政资金有预算内和预算外之分，地方政府债务就是在预算外慢慢累积起来。《中华人民共和国预算法（2014 年修正）》一方面明确省级地方政府可以自主发行地方政府债券；另一方面提出应加强公共财政预算的绩效管理。《中共中央国务院关于全面实施预算绩效管理的意见》也要求建立全覆盖的预算绩效管理体系，研究我国地方政府债务绩效问题，可以为地方政府强化绩效管理，提高债务资金使用绩效提供参考和依据。

综上所述，债务资金不同于其他财政可支配资金的主要特点在于其偿还性，就投资回报率而言，债务资金需要比其他财政资金获得更高回报率以满足其还本付息的需要，因此提高地方政府债务资金的使用绩效显得尤为重要。我国正处于经济转型关键期，明确当前地方政府债务绩效，分析影响债务绩效的因素，有助于提高地方政府债务资金的使用绩效，促进地方政府债务资金的良性循环，充分发挥其杠杆作用。

1.2 文献综述

在经济发展形势向好，财政资金充裕时，地方政府拥有丰沛的财政储备以偿还其债务，有关债务绩效问题并不会引起特别的关注。然而近年来，随着全球经济增速回落，经济增速进入下行通道，财政资金支出绩效，尤其是地方政府债务资金的使用绩效日益受到各界的重视，国内外学者对此进行了大量研究，其中与本书研究相关的文献主要集中在以下三个方面：一是财政支出绩效评价研究；二是地方政府债务绩效评价研究；三是地方政府债务绩效管理研究。

1.2.1 财政支出绩效评价研究

地方政府债务资金是财政资金的重要组成部分，关于财政支出绩效评价的研究成果对于债务资金绩效评价具有重要的借鉴意义。财政支出绩效评价的研究主要有两类：一类是对财政支出绩效进行综合评价；另一类是对财政项目支出或特定领域财政支出进行绩效评价。

在财政支出绩效的综合评价方面，姚凤民（2006）通过对比分析西方国家财政支出绩效评价的关键内容，从绩效评价主体、法律框架、绩效评价的具体内容和绩效评价的指标体系等方面总结了国外可供借鉴的经验。贾康和孙洁（2010）尝试把企业绩效评价中的平衡计分卡方法引入财政支出绩效评价，通过设计平衡计分卡中财务、客户、内部业务和学习与成长四个维度的绩效指标，以期达到综合匹配公平与效率、长期与短期目标的评价效果。王雁（2011）认为，财政支出绩效评价工作的核心和关键是构建合理的绩效评价指标体系，财政支出的总量、结构和贡献均为绩效评价指标体系的重要组成部分，在明确指标体系的基础上可以采用因子分析和主成分分析法对财政支出绩效进行全面评价。李等（Lee et al.，2011）的研究指出，为了提高财政支出的绩效，地方政府应优化支出结构，加大对经济发展部门和社会发展部门的财政投入，减少对综合行政等部门的投入。牛和雷（Niu and Lei，2014）的研究表明，财政是市场经济运行的关键因素，如何评价财政支出绩效是一个非常重要的问题。田时中等（2015）采用文献计量方法对我国财政支出绩效评价的研究现状进行了分析，债务支出或地方政府债务这两个关键词均未出现在其统计的关键词中。其研究结论认为我国财政支出绩效评价研究整体上还处在初级阶段，目前的研究中定量分析少，90%的研究注重定性分析，对财政支出绩效评价进行定量分析还有很大空间。

在财政项目支出绩效评价方面，章磊等（2008）认为，财政项目支出绩效评价的关键问题是要设计出合理的绩效评价指标体系。王淑慧等（2011）的研究则指出，项目支出绩效评价不仅是构成政府绩效评价体系的重要内容，更是做好绩效预算改革工作的基础，为此应当深入分析当前财政项目支出绩效评价中存在的突出问题，在绩效预算的基础上构建项目支出绩效评价指标体系。部分学者还对科技项目支出、建设项目支出、新农合医疗基金项目支出和轨道交通项目支出等的绩效评价进行了分析和研究。

在特定领域财政支出绩效评价方面，学者们主要围绕财政教育支出、财政投资支出和财政农业支出等展开。章建石和孙志军（2006）认为，在对高校财政支出进行绩效评价时，指标权重的主观性过强会导致评价结果不准确，因此将层次分析法引入对高校财政支出的绩效评价中，以保证评价指标权重的客观性。刘国永（2007）通过对南京师范大学等江苏省10所高等学校进行试点评价，构建了高等教育财政支出绩效评价指标体系，该体系涉及3个一级指标、13个二级指标和39个三级指标，从职能角度对学校的教育质量、科研成果和社会服务类指标进行了重点分析。思和乔（Si and Qiao，2017）运用数据包络分析对基础教育财政支出绩效进行分析，认为提高初中阶段的财政资金投入量比其他阶段更能提高基础教育的财政支出绩效，并且在投入方式上，提高投入要素的资源配置质量更能提高基础教育财政支出绩效。因此，可以通过优化财政支出的投入结构和基础资源的匹配质量来提高财政支出绩效。贾康和石英华（2011）认为，追求财政支出绩效最大化，是公共财政建设必然的逻辑起点，在聚焦财政投资支出的基础上，提出了财政投资绩效综合评价框架，该框架包含了分层次的六大环节。刘穷志和卢盛峰（2009）采用 DEA 模型和四阶段 DEA–Tobit 效率评价模型对财政支农支出进行了绩效评价研究，认为支农投入需要在激励农业生产与改善农民生活之间合理均衡，此外还要缩减低效支农投入而增加高效支农投入，以综合提高支农资金使用绩效。学者们还采用多种评价模型对财政农业支出绩效进行了评价，如吴建南和刘佳（2007）基于逻辑模型构建了农业财政支出绩效评价体系，而李祥云和陈建伟（2010）则采用了二次相对效益模型对农业支出进行绩效评价。有关财政支出绩效评价的研究为地方政府债务绩效评价研究奠定了良好的基础，其研究方法同样适用于对地方政府债务进行绩效评价。但地方政府债务资金与一般意义上的财政资金有着明显的不同，在中国式分权特征下，地方政府存在道德风险，地方政府对中央政府的"债务兜底预期"有着很强的期待，公众也有类似的心理预期，因而地方政府在债务资金使用过程中往往存在重投入、轻收益的偏好。

1.2.2　地方政府债务绩效评价研究

地方政府债务绩效不仅预示了地方政府未来的偿债能力，而且在一定程度上还能够映射出地方政府债务风险的状况。若债务使用绩效高则偿债能力强，地方政府债务风险降低；若债务使用绩效低则偿债能力弱，地方政府债务风险也会随之升高。可见，全面、科学、系统地评价地方政府债务绩效，对于研判当前债务使用状况、加强地方政府债务管理、降低地方政府债务风险至关重要。对地方政府债务绩效评价的研究主要分为两类：一类围绕绩效评价指标体系和绩效评价方法展开；另一类主要从效率视角评价地方政府债务使用绩效。

　　尽管以往对地方政府债务的研究主要集中在债务风险领域，但理论分析表明，运用绩效管理工具对地方债务资金进行风险监控具备一定的可行性。绩效评价方法已广泛运用在对医药卫生、环境科学与资源利用、行政管理、基础设施投入、林业财政、水利水电、农业支出等财政支出领域。宓燕（2006）较早对地方政府债务绩效评价指标体系进行了研究，其分析指出由于地方政府债务的支出体系庞大，名目繁多，难以对具体某一笔债务的用途、使用效率与效果直接分析，应当从宏观视角出发，研究地方政府债务对经济和福利的总体影响。通过构建包括经济、科技、生活 3 个二级指标和 20 个三级指标的地方政府债务绩效评价指标体系，以某省 5 年的地方政府债务数据为研究样本，采用层次分析法进行绩效评价。层次分析法的应用需要依赖专家的经验判断，其主观性较强而客观性不足。考燕鸣等（2009）基于投入产出理论和财政绩效评价的"4E"理论，指出要综合考虑投入、过程、结果和外部效应四个方面来构建指标体系，并据此构建了包含 4 个一级指标、9 个二级指标和 51 个三级指标的地方政府债务绩效评价指标体系，以 K 省 13 个市 2006 年的政府债务数据为样本进行实证分析，对各市的债务绩效进行评价并予以排序。但由于其指标体系过于复杂，在实际应用中无法直接采用该体系进行评价，需要运用主成分分析法进行降维处理，其文章仅对截面数据进行了分析，缺乏动态数据的纵向比较。金荣学等（2013）认为，地方政府债务支出主要是生产性支出，生产性支出包含投入、过程、产出、效果四个阶段，根据投入产出理论将绩效评价指标设计为投入类、过程类、结果类和外部效应类四类，并分别设置了多项定性与定量的二级与三级指标，使评价指标更具有多样性。赵爱玲和李顺凤（2015）从绩效审计视角对地方政府债务绩效审计质量控制的评价指标体系进行了研究，针对审计质量控制的准备、实施、报告、审计四个阶段构建了包含 9 个一级指标和 24 个二级指标在内的评价指标体系，并以此评价体系对 2011 年西部某省级地方政府债务的绩效审计质量控制过程进行了实证检验。该指标体系主要考察的是审计工作的规范性和审计文件的完整性，并不完全是对地方政府债务绩效的评价。张吉军等（2018）在考虑绩效评价指标所需数据可得性和相关性的基础上，采用"4E"评价方法，将输入、对象、处理、输出四个评价阶段分别选取效果性、经济性、效率性和公平性四个评价维度，构建了包含 4 个一级指标和 23 个二级指标的债务绩效评价指标体系。但是该研究仅以湖北省的截面数据为例对指标体系进行了验证，缺乏纵向和横向的比较，无法对地方政府债务绩效做出整体评判。以上研究采用了不同的指标和不同的样本数据对债务绩效进行了评价，但由于相关债务数据的缺乏，常采用主观性较强的层次分析法对绩效进行评价，使评价结果客观性不足，难以进行后续研究；并且，大部分学者设计的指标体系较为复杂，难以进行时间序列或不同地方政府之间的横向比较，在研究中多采用单一样本数据或截面数据进行实证分析。选择适当的评价方法是科学合理地评价地方政府债务绩效的前提条件，学者们对数据包络分析（DEA）方法、主成分分析法、层次分析法和模糊模式识别法等进行了总结和分析，并尝试采用这些方法评价地方政府债务绩效。

使用效率是债务绩效的重要内容，正如缪小林和史倩茹（2016）所指出的，财政风险的内核是财政资金配置效率，地方政府债务规模上升只是表象，所反映的症结是地方债务资金配置的低效率。安东尼奥和费尔南德斯（Antonio and Fernandes，2005）采用数据包络分析的非参数框架对葡萄牙地方政府债务资金的使用效率进行了分析，认为大多数城市的债务效率都有待改进；郭月梅和胡智煜（2016）运用 DEA 方法，以 2011～2013 年我国 30 个省级地方政府的债务数据为研究样本，对地方政府债务使用效率及其动态变化进行了分析，认为地方政府债务使用效率偏低，东部地区效率高于中西部地区；李静通过 DEA – Tobit 二阶段模型对债务支出效率进行分析也基本认同上述结论。但郭传辉（2019）认为，采用 DEA 模型只能得到相对效率，无法判断地方政府债务支出的真实效率水平，金荣学和徐文芸（2020）在考虑债务产出存在滞后期的情况下，采用系统 GMM 和"投入—产出"方法对债务使用效率进行了分析，得出与以往研究显著不同的结论，认为地方政府债务使用效率的高低与经济发展水平没有必然联系，东部地区存在债务发行量大、使用效率不高的问题。在当前地方财力紧张的情况下，举债融资规模不断扩大已是必然之势，但也必须认识到地方政府债务存在不可持续的危险。提高地方政府债务可持续性的关键就在于债务资金的使用环节。上述关于债务资金使用效率的研究关注到效率维度，但缺乏对方向维度的把控，债务资金的使用方向关系到"地方政府是否把钱花在了刀刃上"，对债务绩效的效益性和公平性起着至关重要的作用。

1.2.3　地方政府债务绩效管理研究

债务绩效管理是政府绩效管理的应然内容，政府绩效理论是自身不断演进的知识体系，同时对政府活动及其影响进行绩效评估也是将这一知识体系不断推广并付诸实践的活动。这一活动的智力根源可以追溯到 18 世纪欧洲的启蒙运动。从这个时代开始，出现了一场旨在抛弃传统和迷信，根据理性原则组织政府和经济，使世界走上进步和现代化道路的运动。这一转变在很大程度上定义了美国的公共管理领域，强调专业化、科学方法和理性决策。地方政府承担着日趋增加的公共服务供给责任，但新的服务供给责任加上日益增长的财政预算限制就引发了一个普遍关注的问题：如何衡量地方政府的绩效。政府绩效管理是借鉴企业管理方法，在 20 世纪 80 年代从西方"新公共管理运动"中发展起来的一种新型行政管理模式。新公共管理运动所提出的一系列倡议如公共服务社会化、结果导向、顾客导向等改变了传统行政管理模式，在政府绩效管理理论的指导下，各国政府逐步将管理方式由投入控制转向产出和绩效控制，对政府各相关部门的工作结果进行绩效评价。

正是由于绩效管理工具在政府部门的应用，党的十九大报告提出，深化财税体制改革要全面实施绩效管理，将绩效管理的重要性提升到前所未有的高度。财政部发布的《关于做好2018年地方政府债务管理工作的通知》，提出要落实全面实施绩效管理的要求，推进实施地方政府债务绩效管理。对地方政府债务绩效管理的研究主要包括对地方政府债务绩效管理体系构建的必要性、实施的具体路径以及配套措施等的分析。

薛菁（2014）认为，地方政府债务绩效管理就是以绩效为导向对地方政府债务进行管理。其管理对象是"地方政府债务"，其管理工具是绩效管理，地方政府债务绩效管理是非常重要的管理活动，既有利于提高债务资金使用绩效降低债务风险，也有利于提高地方政府债务的可持续性。它具有双重创新意义，既是地方政府债务管理活动的创新，也是地方政府绩效治理内容的创新。部分学者认为以绩效为导向，能够有效降低政府债务规模，建立全方位、动态化的政府债务绩效管理体系已势在必行。徐晓雯等（2019）指出，在预算绩效管理中纳入地方政府债务具有重要意义，因为预算绩效管理作为预算管理的新机制，毫无疑问是组成政府绩效管理的重要环节，这不仅有助于减弱地方政府债务风险，规范地方政府举债融资机制，而且有助于确保债务资金及时偿还，提高政府公信力。

地方政府债务治理由"激励导向"向"绩效导向"转型，能够促进实体经济高质量发展，应采取合理路径将绩效管理融入地方政府债务管理。李晓斌等（2016）从项目管理的角度出发，认为政府债务绩效管理应以提高资金使用效益、防范债务风险为目标，将债务绩效管理工作贯穿于资金申报、使用、偿还的全过程。将评价的结果与地方政府债务管理机制、地方债务资源配置等紧密联系起来，注重债务绩效评价结果的反馈与使用，并且坚持以市场机制选择债务项目，不断提高债务资金使用效益。乔宝云等（2018）指出，在地方政府债务管理中融入绩效管理理念至关重要，必须将该理念融入具体的管理工作中。其可行的路径是：一方面，构建债务管理问责机制，如完善政府间的财政权责关系，构建居民问责机制以提高地方政府债务管理的透明度，责任落实到人，建立处罚机制；另一方面，允许地方政府破产或对地方政府债务进行重组，如有必要也可变现地方政府资产，精减财政支出，偿还到期债务，保护债权人的合法权益。诺尔和森格（Knoll and Senge，2019）研究发现，政府债务管理实践一直处于改革的进程中，比如政府债务水平的确定就是一个复杂的多层次过程，需要不断进行改革，2008 年金融危机过后，出现了一种双重改革趋势。一方面，欧盟委员会要求并支持加强国民核算的协调，从而消除诸如公私伙伴关系或互换交易等创造性会计做法的漏洞，这些做法在许多情况下会提高政府债务水平；另一方面，欧盟委员会要求并支持创造性金融的新形式，比如能源绩效合同（EPCs），这是一种旨在实现气候变化投资目标的特定形式的公私合作关系。这种做法在将未来公共风险转移给私营公司的同时，也降低了政府债务水平。这种解决方案还揭示了一个普遍的观点，即私营公司在节约方面比国家更有效率、更有能力，更多采用与私营公司合作的管理方式可以提高政府债务的绩效表现。郭玉清等（2020）强调新时代地方政府债务治理应以绩效为导向，从政策型调控为主转型为事前论证和事后审计相结合，债务绩效管理可因循预算审计、项目审计、责任审计和金融审计四条路径展开，以强化举债融资的预算约束、促进债务投资的结构调整、遏制官员举债的道德风险、阻断债务风险的传导链条。

在地方债务绩效管理过程中还需要法律保障、信息化建设、管理体制建设、人员配备等多方面的配套措施。张羽等（2019）认为，以绩效为导向，对地方政府的债务管理情况进行评价监督，是优化我国政府财务管理体系的重要途径。由于我国地方债务绩效管理还处于兴起阶段，发展尚未成熟，难免存在诸如法律保障不足、相关制度建设不够完善等问题。要完善地方债务绩效管理机制，就要从多方面着手，通过对债务管理状况的系统考查，及时发现债务风险隐患。在此过程中要完善政府举债融资机制，提高举债的规范化程度，不断发现并纠正当前绩效管理工作中存在的问题，推动政府债务管理工作的持续改进。目前地方政府债务绩效管理工作存在短板，其中，地方政府债务信息不透明、不完整是症结所在，应加快地方政府债务管理的数据库建设，建立起覆盖全部地方政府债务信息，涵盖专家、第三方、公众等主体在内的绩效管理系统，将绩效管理理念融入地方政府债务支出全过程，以达到债务管理"绩效导向"的目的。赵玉梅（2016）从风险视角分析了提升廊坊市地方政府债务绩效管理水平的路径，其研究认为当前地方政府债务绩效管理体制缺失，廊坊市政府虽然对债务风险管控的部门职责进行了分工，但其职责分工缺乏连续性和系统性，难以产生成效，各部门间的协调沟通存在障碍。政府债务风险管理工作的首要任务是要建立健全地方政府债务绩效管理体制，此外专业人才的培养也非常关键，特别是加强地方政府债务管理专业人才的培养力度，这样才能为构建债务绩效管理的长效机制做好人才储备。绩效管理对地方债务管理的重要性日益受到政界和学界的重视，原因在于通过绩效评价可以让公共部门明确债务资金是否被用到了合理的地方以及是否采用了合理的资金配置方法。债务资金绩效评价是对其进行绩效管理的核心环节，其本质是强调地方政府行政的结果，反映了市场条件下对效率追求的需要。

1.2.4 文献评析

纵观已有文献，关于地方政府债务的研究由来已久，但又历久弥新，不同时代背景下，学者们所关注的视角也在切换。近年来地方政府债务规模不断扩大，地方政府的举债融资机制日趋复杂，学者们从地方政府债务成因、债务的规模、债务的风险、债务的管理等视角对地方政府债务问题展开分析。随着地方政府债务资金占财政资金的比重大幅上升，与地方政府债务相关的财政活动更为活跃，地方政府债务使用绩效的重要性开始不断凸显，有关地方政府债务绩效的研究逐渐引起学者们的关注。与财政支出绩效的研究相比，对地方政府债务绩效的研究还处于起步阶段，存在不足之处，突出表现在以下三个方面。

一是对地方政府债务绩效评价的结论存在较大差别。这与债务支出方向的公共性有密切的关系。由于地方政府债务资金的支出方向一般为市政交通等公共基础设施，其公共产品或准公共产品的特征决定了债务资金使用绩效的评估处于市场无法有效发挥作用的领域，公共品领域存在市场失灵，无法对地方政府债务资金的使用绩效进行评估。公共产品所具有的非竞争、非排他以及不可分割等特征在市政公共基础设施领域也有较大程度的体现，如路灯等公共设施的不可分割性决定了其难以定价，路灯的非排他性也决定了即便政府定价也无法收取相应费用，而非竞争性意味着消费者很有可能选择"搭便车"以实现自身利益最大化。准公共产品虽然可以部分收费，但收费标准一般低于成本，市场也无法对其进行绩效评估。正因为市场无法对公共产品或准公共产品进行绩效评估，使地方政府债务支出绩效也难以通过市场手段进行直接的效益分析，这就导致在研究中不同学者从不同维度评价地方政府债务绩效，因此研究结论存在较大差异。

二是对地方政府债务绩效评价的研究以定性分析为主，定量分析较少。企业管理中绩效指标确定的原则是"SMART"原则，其中，"M"指的是"Measurable"，意思是可量化的，之所以绩效考核要突出量化原则，主要是为了进行纵向和横向比较，如果采用定性考核指标，则不同被考核主体以及同一主体不同年度之间难以进行比较，也就无法做出恰当的优劣判断。目前针对地方政府债务绩效的研究中，由于评价内容的特殊性，确实存在债务产出效果难以量化的困难，债务投资所带来的经济和社会效益具有间接性、延后性和潜在性等特点，无法直接为地方政府增加财政收入，只能通过保障社会稳定、优化营商环境等来间接服务于微观主体的经济和社会活动，为其提供公共服务和公共产品。虽然有些市政投资工程也能带来一些收入，但其收入往往低于成本，如何衡量其贡献，如何在保证公共产品供给质量与节约财政支出之间实现平衡确实是难点问题。在财力充裕时期，地方政府往往更关注债务产出，关注公共产品和公共服务的可及性、连续性、平等性和普遍性等，在公共产品达到适当的覆盖程度后，尤其是在经济危机或财力紧张时期，地方政府往往更关注的是债务效率。现有文献所构建的债务绩效评价指标体系往往过于复杂，难以量化或无法量化，因而在进行定量分析时其操作化处理较为困难，只能进行截面数据或单一主体的分析。定量分析较少的另外一个重要原因是在现行体制下，我国地方政府债务数据难以被研究者获得。2014 年后公布的各省一般债务和专项债务为显性债务范畴，而隐性债务如地方融资平台债务和政策性融资担保债务等数据很难获取。

三是对地方政府债务绩效定量分析中以效率分析为主，较少关注绩效的其他方面。学者们对债务使用效率的分析主要采用数据包络分析（DEA）方法或者采用 DEA – Tobit 二阶段法对债务使用效率及其影响因素进行分析，但对债务绩效的其他方面如经济性、效益性和公平性关注较少，这会导致债务绩效评价结果过于片面。福林于 1997 年概括了政府绩效评价的"4E"原则，具体指经济性（economy）、效率性（efficiency）、效益性（effectiveness）和公平性（equity）四个方面，这四个方面的评价原则尽管存在矛盾和冲突的方面，但仍应被视为组成绩效评价的一个整体，缺一不可。

立足于当前我国地方政府债务发展现实，试图在前人研究的基础上做出一点边际贡献。在对地方政府债务绩效相关理论进行分析后，运用逻辑模型的分析框架对地方政府债务绩效及其作用机理进行研究，依据"4E"原则测算我国省级地方政府的债务绩效，地方政府债务绩效是对债务资金使用经济性、效率性、效益性以及公平性的综合评判。债务资金使用的经济性是指投入产出比最小化，即以最低投入获得既定数量的债务产出，效率性是指债务投资的生产技术效率，即债务生产函数是否处于生产可能性曲线的前沿面上，此时技术有效和规模有效并存。效益性是指债务投资对预期调控目标的实现程度，公平性主要是指债务支出对社会成员影响的公平性。经济性和效率性均反映了地方政府在债务投资中与市场之间互动的过程，可将其视为地方政府债务过程绩效的指标，而效益性和公平性所反映的是地方政府与市场互动的结果以及对社会成员所产生的影响，可将其视为地方政府债务结果绩效的指标。在分别对债务过程绩效和结果绩效的作用机理进行分析后，探讨影响过程绩效与结果绩效的内部因素与外部环境变量，并结合地方政府债务发展的现实状况以及实证分析结果，分别从提高地方政府债务过程绩效、提高地方政府债务结果绩效以及其他相关配套措施等方面对提升我国地方政府债务绩效提出对策建议。

1.3　研究的主要内容与结构安排

本书在写作过程中始终遵循问题导向，围绕地方政府债务绩效问题，首先，借鉴逻辑模型分析框架对地方政府债务绩效的作用机理进行了分析，并提出了研究假说；其次，通过测算地方政府的债务绩效明确当前地方政府债务绩效现状，并通过实证分析对地方政府债务过程绩效和结果绩效的作用机理进行了检验；最后，结合理论分析和实证检验的结果研判当前地方政府债务绩效存在的问题及原因，并对如何提升地方政府债务绩效提出了有针对性的对策建议。主要包括四个部分，共有 9 章的内容。具体安排如下。

第一部分：第 1 章　绪论。本部分首先对我国地方政府债务绩效问题研究这一选题的背景与意义进行了介绍；其次梳理总结了围绕该选题的相关文献，并进行了简要评析；最后说明了研究的主要内容与结构安排、研究方法与创新点等。

第二部分：第 2 章 地方政府债务绩效相关概念及理论基础。本部分首先对地方政府债务、地方政府债务绩效、地方政府债务过程绩效与地方政府债务结果绩效的概念进行了界定；其次梳理了地方政府债务绩效的相关理论基础，如公共产品理论、财政分权理论、新公共管理理论、委托代理理论等。

第三部分：第 3 章～第 8 章，这是本书的主体部分。第 3 章 地方政府债务绩效作用机理分析。借鉴逻辑模型、生产函数理论和市场供求理论，通过分析地方政府债务资金的运行逻辑，明确债务投入、产出和效果之间的因果链条，构建地方政府债务支出生产函数，分析地方政府债务所投资的市政公共产品市场的供求关系，从理论视角分析了地方政府债务绩效是如何产生并受何种因素驱动的。在分别对过程绩效和结果绩效进行作用机理分析的基础上提出了研究假设。

第 4 章 地方政府债务绩效测度。以第 3 章的理论分析为基础，从经济性、效率性、效益性和公平性四个角度综合测度了地方政府债务绩效。其中，经济性指标主要由单位投入产出来进行衡量；效率性指标采用 DEAP 2.1 软件进行数据包络分析（DEA）计算得到；经济性指标和效率性指标共同构成了地方政府债务过程绩效指标。效益性指标主要包括了对经济效益和社会效益的衡量，经济效益的衡量采用的指标是人均 GDP，而社会效益的衡量所采用的指标是就业人数；公平性指标采用城乡居民收入公平性和城乡居民消费公平性来衡量，采用的具体计算方法是城乡居民收入差距与消费差距的倒数；效益性指标和公平性指标共同构成了地方政府债务结果绩效指标。

第 5 章 地方政府债务过程绩效影响因素的实证分析。以第 3 章的理论分析为基础，以 2008～2018 年我国 31 个省级地方政府的面板数据来验证假设 1 和假设 2。从逻辑模型产出层次的内部因素和外部条件出发，选取投入变量和环境变量分别作为核心解释变量，分析其对地方政府债务过程绩效的影响。并采用混合 OLS 回归和固定效应回归两种方法进行对比分析，以验证第 3 章机理分析中所提出的假设。

第 6 章 地方政府债务结果绩效影响因素的实证分析。以第 3 章的理论分析为基础，以 2008～2018 年我国 31 个省级地方政府的面板数据来验证假设 3 和假设 4。从逻辑模型效果层次的内部因素和外部条件出发，选取债务产出变量和外部环境变量分别作为核心解释变量，分析其对地方政府债务结果绩效的影响。采用混合 OLS 回归和固定效应回归两种方法进行基准回归分析，通过中介效应检验和门槛回归验证了债务产出对结果绩效的间接性和异质性作用。

第 7 章 地方政府债务绩效存在的问题及原因分析。第 7 章是在第 4 章、第 5 章和第 6 章分析的基础上，对地方政府债务绩效存在的问题进行总结梳理，并分析这些问题产生背后的深层次原因。

第 8 章 提高地方政府债务绩效的对策建议。第 8 章从提高地方政府债务过程绩效、结果绩效和其他相关配套措施等方面提出对策建议。

第四部分：第 9 章 研究结论及展望。该部分对本书的主要结论进行了概括和总结，并指出目前本书研究中尚存在的不足以及对未来研究可能会出现的趋势等进行了展望。

本书研究框架如图 1-1 所示。

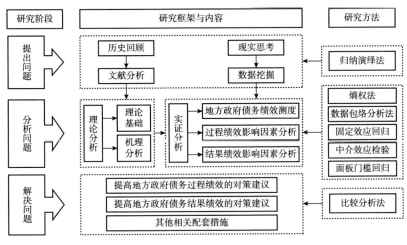

图 1-1 本书研究框架

1.4　研究方法与创新点

1.4.1　研究方法

本书主要运用了财政学、经济学及管理学等学科的相关理论与知识，研究地方政府债务绩效问题。采用的研究方法主要包括以下四种。

1. 熵权法

在确定地方政府债务绩效的投入与产出指标以及地方政府债务绩效评价指标时主要采用的是熵权法。熵权法是一种客观赋权方法，是根据指标的客观数据值按照一定的步骤来计算不同评价指标的权重。通过客观方法确定各个评价指标的权重，从而使地方政府债务绩效评价结果更为可靠。

2. 数据包络分析法

在对地方政府债务绩效的效率性进行测度时主要采用的是数据包络分析（DEA）的方法。数据包括分析法是一种非参数的数量分析方法，可以在不设定生产函数的具体形式的情况下，对不同地方政府债务投资进行多投入、多产出的相对有效性评价。采用投入导向的多阶段 DEA（数据包括分析）方法对地方政府债务绩效的效率性进行测度，多阶段 DEA 方法能够有效地识别出投入和产出的效率预测点，比一阶段和两阶段更为精确。

3. 回归分析法

在对地方政府债务过程绩效和结果绩效的影响因素进行实证分析时主要采用的是面板数据回归分析的方法，具体包括面板数据混合回归分析、个体时点固定效应回归分析和门槛效应回归分析等方法。

4. 中介效应检验法

在对债务产出如何作用于地方政府债务结果绩效进行分析时采用了中介效应检验的方法，中介效应检验可以明确变量之间的影响过程和作用机制，相对于回归分析而言，中介效应分析法可以得到更为具体和深入的结果。通过中介效应检验，明确了债务产出通过产业结构、市场化程度和对外开放程度三个中介变量对地方政府债务结果绩效发挥作用。

1.4.2　创新点

1. 基于逻辑模型对地方政府债务过程与结果绩效的作用机理进行了深入分析

逻辑模型有时也被称为项目逻辑模型，是对项目支出进行绩效评价的分析模型，借鉴逻辑模型的分析框架对地方政府债务资金的运行逻辑进行了抽丝剥茧式的分析，将债务资金使用绩效区分为过程绩效和结果绩效，明确了债务资金的投入产出与效果之间的因果链条，并借用生产函数理论研究了影响地方政府债务过程绩效的内部和外部因素；通过分析市政公共产品领域的市场供求关系，对影响地方政府债务结果绩效的内部因素和外部条件进行了深入探究。

2. 基于"4E"原则对我国地方政府债务绩效进行了综合测算

政府绩效评价的"4E"标准是指经济性、效率性、效益性和公平性四个方面，地方政府债务绩效从属于政府绩效，也应遵循该原则。因此基于"4E"原则对我国地方政府债务绩效进行了综合测算，发现地方政府债务过程绩效与结果绩效的时间序列趋势有着显著不同的变化，过程绩效呈现波动式下降，而结果绩效表现为稳步上升。

3. 基于省级地方政府面板数据，将心理学研究中常用的中介效应检验方法用于分析地方政府债务绩效问题

基于 2008～2018 年我国 31 个省级地方政府的面板数据回归模

型，综合运用混合 OLS 回归、固定效应回归、中介效应检验和门槛效应回归等计量经济学方法对影响地方政府债务过程绩效和结果绩效的内部变量和外部环境条件进行了实证检验。对结果绩效影响因素的分析表明，债务产出对结果绩效的影响为负值，债务产出对结果绩效的影响有两条路径：一是直接影响；二是间接影响，利用中介效应检验方法廓清债务产出对结果绩效的作用路径，发现债务产出主要通过产业结构、市场化程度和对外开放程度作为中介变量对结果绩效发挥作用，间接作用的发挥受到中介变量变动的约束。

第2章 地方政府债务绩效相关
概念及理论基础

地方债务资金是地方财政收入的重要组成部分，然而区别于税收等财政收入的是地方政府对债务资金只有使用权而没有所有权。地方政府是地方债务的偿还者，其收入来源是税收，这意味着地方债务负担最终会转嫁到纳税公众身上。使用公众的钱建设公共设施，容易导致高成本、低效用的"形象工程"出现。相比于其他财政支出，对地方政府债务支出绩效的研究显得更为紧急和迫切。本章主要对地方政府债务绩效等相关概念给出了界定，并梳理总结了地方政府债务绩效的理论基础，为下一步的作用机理分析和实证检验提供理论支撑。

2.1 地方政府债务绩效相关概念

2.1.1 地方政府债务

对地方政府债务的认识是伴随着我国地方政府债务发展实践而不断深化的，在理论界分析中地方政府性债务、地方政府或有债务、地方政府显性债务以及地方政府隐性债务都属于地方政府债务研究的范畴。世界银行的高级顾问汉娜（Hana PolackovaBrixi）在研究政府或有债务时引入企业财务管理的方法，首次提出财政风险矩阵，其研究对财政管理领域的研究者和实践者启发很大，随后有大量学者研究政府或有负债，2009年后研究直接显性负债回归主流。马海涛和吕强（2004）认为，地方政府债务是指由过去的交易或事项引起的，未来将会导致经济资源外流的政府现有责任。赵全厚（2011）指出，地方政府债务首先属于政府债务，政府债务是一个国家的政府部门持有的附有清偿责任的金融性债务，地方政府债务是相对于中央政府债务而言的，地方政府层级所负有的债务。随后所出现的地方政府性债务这一概念是为防范政府债务风险，对地方政府债务管理范畴的扩展和延伸。地方政府性债务除地方政府作为举借主体进行融资的债务外，还包括地方融资平台公司等为协助地方政府完成其职能而举借的债务。我国地方政府债务融资开始于20世纪80年代，其融资手段主要包括各种建设债券、银行与政府间合作和融资平台借款等。

上述分析表明，地方政府债务不仅是指地方政府通过发行地方政府一般债券或专项债券所形成的显性债务，还应包括地方政府隐性债务，隐性债务虽然不以合同为基础，但由于公众预期或政治因素，地方政府也需要承担一定的偿付责任。

我国地方政府债务的发展是实践先于制度规范，因而在不同时期，出现了对其称谓不同的现象，因此有必要对这一概念的历史演变过程进行梳理。2014年以前，地方政府债务被称为"地方政府性债务"，那时的地方政府性债务有直接债务和或有债务之分，一般而言，地方政府对直接债务负有直接偿还责任，而对或有债务则负有担保责任和可能承担一定的救助责任。尽管在2014年前，法律不允许地方政府举债，而地方官员却有极大的动力为"政绩"开展横向竞争，在所有竞争手段中，基础设施建设是最常用的措施之一，这是因为基础设施是最容易度量的政绩。于是，通过地方政府融资平台举债成为地方政府满足其基础设施投资需求的便利渠道，政府性债务便是这一特定历史阶段的产物，融资平台公司从表面看是非政府的企业单位，其债务在法律意义上不属于地方政府债务，但其投资领域多属于公共产品与准公共产品领域，其融资背后需要地方政府的信用背书。

2015 年《预算法（2014 年修正）》开始实施，自此以后地方政府举债的唯一合法途径就是发行地方政府债券。"政府性债务"这一概念逐渐退出历史舞台，"地方政府债务"这一概念自此被各界认可和接受，这里的"地方政府债务"概念主要是指以地方政府一般债券和专项债券形式存在的债务，此外还有少量地方政府债务是以非政府债券形式存在的存量债务。"地方政府隐性债务"这一概念的出现是在 2017 年，2017 年 7 月 24 日召开的政治局会议上，会议要求"有效规范地方政府举债融资，坚决遏制隐性债务增量"[①]。"地方政府隐性债务"这一概念之所以会出现，是由于在地方政府的融资模式创新过程中，诸如政府购买以及 PPP 模式等均出现了运作不规范的状况，这些不规范运作导致地方政府隐性债务规模逐渐增大。

根据财政部等相关国家部委文件中首次使用有关地方政府债务概念的时间，本书总结了自 2009 年试点地方政府发行债券以来，地方政府债务概念的演变，具体如表 2 - 1 所示。

表 2 - 1　　　　　　　　　地方政府债务概念的演变

时间	名称	内容		
2009～2014 年	地方政府性债务	地方政府债务	或有债务：负有担保责任	或有债务：承担救助责任
2015～2017 年	存量地方政府债务	地方政府一般债券	地方政府专项债券	非债券形式的地方政府债务
2017 年至今	地方政府债务	地方政府显性债务	地方政府隐性债务：源于融资平台、投资基金、PPP 及政府购买服务等的不规范行为	

资料来源：根据财政部等相关国家部委文件整理。

---

①　姜超，朱征星，杜佳. 地方政府隐性债务规模有多大？[EB/OL]. [2018 - 08 - 01]. https：//www. sohu. com/a/244576864_611449.

"隐性"是相对于"显性"而言的，地方政府隐性债务的存在形式不是地方政府债券，因此隐性债务的规模也不在地方政府债务的限额管理中，这就导致了地方政府隐性债务在预算外的无序发展，引发债务风险。地方政府虽然没有对隐性债务进行偿付的法定义务，但隐性债务所引发的风险却需要地方政府来承担。正是由于"隐性债务"的隐蔽性和无序性，缺乏对隐性债务进行认定的标准和统一口径，隐性债务规模更是难以准确判定。从资金来源上看，地方政府在筹资中可能形成隐性债务的部分主要有政府采购、政府和社会资本合作（PPP）及地方融资平台等。从资金用途上看，地方政府举借债务主要用于交通运输、电力燃气等市政公用设施建设，投资规模大、回报周期长，且多为公益性项目，回报率较低，项目本身收益难以覆盖成本，偿债能力较弱。

这里所指的地方政府债务即为 2017 年至今的"地方政府债务"，这一概念的内涵是指由地方政府直接或间接举借，用于满足地方政府投资需求的，地方政府应当在到期时承担偿还责任的债务，其外延则包括地方政府显性债务与隐性债务。

2.1.2　地方政府债务绩效

地方政府债务绩效是财政支出绩效的重要组成部分，也是地方政府绩效的内容之一。由于研究者的视域不同，对绩效概念的理解也不太一样。普雷姆詹德（2002）认为，绩效主要包括效率、数量、质量以及业绩贡献等，这一含义中包含了有效性和效率性。经济合作与发展组织（OECD）提出绩效是指在开展项目活动时，所达成的活动结果的有效性，这一有效性是相对于预期目标而言的，不仅包括该项目的经济性、效率和效力，还包括项目实施主体对实施过程的遵从度和公众满意度等[1]。陆庆平（2003）认为，可以将绩效看作一项活动实施

---

[1] Jack Diamond. Performance Measurement and Evaluation [R]. OECD Working Papers, 1949.

的结果，这种结果既包括实施这项活动所投入资源与获得效果的对比关系，也反映了投入资源的合理性，同时也能反映结果的有效性。丛树海等（2005）则认为，绩效不能仅仅指结果，而应该是效率、效益和有效的统称，包括过程和结果两个方面。就过程而言，主要是指活动投入是否满足经济性要求，就结果来说，主要是指产出投入比是否有效率，结果的目标达成度以及经济和社会影响等。党的十九大报告明确提出，"建立全面规范透明、标准科学、约束有力的预算制度，全面实施绩效管理"①。有效地使用和管理财政资源是各级政府的重要职责，地方政府绩效是评判地方政府治理水平和运作效率的重要依据，是经济绩效、社会绩效、政治绩效为主要框架的复合概念，其中，经济绩效在整个框架中起到基础作用，是政府绩效的主要表现形式，没有经济基础，政治绩效和社会绩效就会缺乏物质支撑（臧乃康，2001）。对政府绩效进行评估既是对政府职能完成情况的综合评估，也是对政府各部门履行职能的经济性、效率性、效益性和公平性进行的评估。

借鉴学者们对绩效以及政府绩效的定义，研究中的地方政府债务绩效是指地方政府使用债务资金，提供公共产品和公共服务时所达成的经济和社会效益的统称。由于债务资金区别于其他财政资金的特点在于地方政府只拥有使用权而不具有所有权，因而在分析债务资金使用绩效时既要考虑其过程是否节约，又要考虑其结果是否达到预期，而税收类财政支出绩效重点考察其结果即可。地方政府债务资金的经济和社会效益之间存在对立统一关系。一方面，两者互相依存，追求经济效益的最终目的是实现良好的社会效益，社会效益是财政分配活动的根本出发点，经济效益的实现是社会效益得以实现的物质保证；另一方面，由于经济效益和社会效益之间存在一定的冲突和矛盾，地方政府在处理两者之间矛盾时需要在二者之间权衡利弊，找到最佳制

---

① 中华人民共和国中央人民政府官方网站：https：//www.gov.cn/zhuanti/2017 – 10/27/content_5234876.htm.

衡点①。

正如上面论述中所指出的，考察地方政府债务绩效时既要考察其过程的节约性，又要评价其结果的有效性。因此地方政府债务绩效的内容包括过程绩效和结果绩效两个方面，可以从经济性、效率性、效益性和公平性四个指标进行评价。其中，债务过程绩效侧重经济性和效率性，而结果绩效侧重效益性和公平性。过程绩效与结果绩效之间存在紧密联系，一般而言，如果过程绩效较低，结果绩效也不会太高；但两者之间也存在明显的区别，过程绩效较高时并不一定意味着结果绩效也保持在较高的水平。地方政府债务绩效评价即是将地方政府债务绩效概念进行操作化的过程，债务绩效评价是对地方政府债务进行绩效管理的核心环节，地方政府债务绩效管理的目的在于通过合理评价债务使用绩效，达到提高债务资金使用效益的结果。其内容包括制定与完善绩效计划、执行与监控绩效计划、考核与评价债务绩效，以及反馈与应用评价结果四个主要环节。

2.1.3　地方政府债务过程绩效

地方政府债务过程绩效是地方政府债务绩效的组成部分。按照逻辑模型，债务资金从投入使用到产生效果主要有四个环节，即投入→活动→产出→效果。这四个环节的层次关系可以表示为：为建设某个项目，投入债务资金（投入）→进行项目管理（活动）→项目建设完成（产出）→使项目产出的质量和数量等符合预期效果（效果）。在对债务资金使用绩效进行评价时，可以根据需要对其中的某些环节进行重点评价，如投入到活动环节的绩效主要应考察债务资金使用的经济性和效率性，这里的经济性和效率性并不是在完全脱离产出结果的情况下只考虑投入最少，而是基于产出结果的投入合理性。

---

① 高培勇，崔军. 公共部门经济学（第三版）［M］. 北京：中国人民大学出版社，2014：120－121.

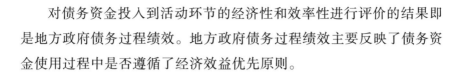

对债务资金投入到活动环节的经济性和效率性进行评价的结果即是地方政府债务过程绩效。地方政府债务过程绩效主要反映了债务资金使用过程中是否遵循了经济效益优先原则。

2.1.4　地方政府债务结果绩效

地方政府债务结果绩效也是地方政府债务绩效的组成部分。对产出和效果环节的绩效主要应考察债务资金使用的效益性和公平性，对债务资金产出到效果环节的效益性和公平性进行评价的结果即是地方政府债务结果绩效。地方政府债务结果绩效主要反映了债务资金使用过程中是否遵循了社会效益优先原则。

地方政府债务过程绩效和结果绩效共同构成地方政府债务绩效，脱离了过程没有结果可言，而没有结果则会使过程也黯然失色。如果把逻辑模型简化为"输入→输出"两个环节，则可以认为输入是指实施过程，输出是完成结果。对企业而言，输出与输入之间是增值转换关系，为了实现输入和输出之间的增值转换，企业就要投入必要的资源和活动，以期获得更多的利益。对地方政府而言，虽然不能像企业那样仅仅追求增值效果，甚至在某些时间、某些投资项目上输出会小于输入，但如果从总体来看，整体输出应大于输入，地方政府债务资金的使用必须既要注意节约也要讲求效果。

2.2　地方政府债务绩效的理论基础

2.2.1　公共产品理论

公共产品也称公共物品，是相对于私人产品而言的。1919 年瑞典经济学家林达尔（Erik Lindahl）提出的林达尔均衡是公共产品理论早期的成果之一，林达尔均衡模型认为，如果每一个社会成员都能够按照自己的支付偏好付出相应的价格，则处于均衡状态时，可以使公共产品的供给达到最有效率的状态①。但林达尔均衡的实现需要有两个前提，一是每个社会成员都愿意准确地分享自己的支付偏好，而不是隐瞒偏好从而逃避分担公共物品成本的责任；二是每个社会成员都清楚了解其他社会成员的状况，因而也不可能存在隐瞒个人边际效益的可能性。这种假设条件在现实世界中很难满足。1939 年，马斯格雷夫（Richard Abel Musgrave）发表了论文《财政自愿交换论》，1954 年萨缪尔森（Samuelson，Paul A.）将马斯格雷夫的研究成果从实证分析转换成规范理论，发表了著名的论文《公共支出的纯理论》，并因此在 1970 年获得了诺贝尔经济学奖②。1954 年萨缪尔森在其《公共支出的纯理论》中提出："假设每个人都消费两种物品，一种是普通的私人消费品；而另一种是集体消费的产品，集体消费的产品是这样一种产品，即每一个人对这种产品的消费都不会减少任何其他人对这种物品的消费。"这一定义成为关于公共物品的经典定义。众多学者展开了对公共物品的研究，其中比较有代表性的是 1956 年蒂布特（Charles M. Tiebout）发表的论文《一个关于地方支出的纯理论》，其认为马斯格雷夫和萨缪尔森的研究都指出公共产品的提供方面存在市场失灵，这种分析对于联邦支出是适用的，但是却不适用于地方政府的支出，因此提出了分析地方政府提供公共产品的模型，即蒂布特模型。蒂布特模型认为，尽管一些公共产品和服务只有居住在特定地区的居民才能使用，但是个人可以通过迁移来选择适合自己个人偏好的社区，地方政府比联邦政府在了解社区居民偏好上有信息优势。然而实际生活中，完全满足纯公共产品的并不多，大多数是满足

---

① 高培勇，崔军. 公共部门经济学（第三版）［M］. 北京：中国人民大学出版社，2014：54－55.

② 张文春. 现代财政学之父——马斯格雷夫［EB/OL］.［2018－10－25］. http：//www.ctaxnews.com.cn/2018－10/25/content_946075.html.

其中一个或两个特点，称为准公共产品。1965 年布坎南在"俱乐部的经济理论"中首次对准公共产品进行了讨论，如教育、收费公路等。由此拓展了公共产品的概念。

上述一系列研究使人们认识到公共产品有全国性公共产品和地方性公共产品之分。国防、外交等全国人民都从中受益的产品称为全国性公共产品，而像道路交通、城市基建、供水供电等只在某一地域内才能受益的产品，属于地方性公共产品。两类公共产品的受益范围不同，其提供主体也应有所区别。地方政府为本辖区居民提供地区公共产品，既符合效率原则，也符合受益原则。

有关地方公共产品的理论研究表明，地方政府只有提供最优规模的公共产品和服务，才能使辖区居民保留在本区域中而不迁移到其他地方，居民具有"用脚投票"的激励机制以寻找到最能满足自己偏好的社区。正因为地方政府具有供给公共物品的职能，由此导致了地方政府竞争的存在。即存在正向和负向两种逻辑链条：地方政府提供良好的公共产品和服务→吸引更多的居民迁移到本地区→更高的财政收入→更好的公共产品和服务，由此形成良性循环；反之则有：地方政府无法提供良好的公共产品和服务→本辖区居民迁移到其他辖区→更低的财政收入→更差的公共产品和服务，由此形成恶性循环。在这样的逻辑下，好的辖区会形成巨大的虹吸效应，吸引大量居民迁移到本辖区，而差的辖区则会渐渐失去活力，辖区居民逐渐外迁形成"空心化"社区，这种现象在我国也确实存在。如何解决这一问题，打破这种循环逻辑，使财政收入较低的地区也能为当地居民提供较好的公共产品和服务，从而吸引他们留在本地，由恶性循环转为良性循环呢？举债融资成为许多地方政府的选择。

目前我国城镇化进程仍然在不断推进，正向着高质量方向发展，基础设施建设需求依然强劲。据测算，在我国城镇化率年均增长 1%，需要新增建设用地 1800 平方千米、新增住房 3 亿~4 亿平方米、新增生活用水 14 亿立方米；每增加 1 个城市人口，需要增加固定资产投资 50 万元①。在如此巨大的支出压力面前，地方政府每年的新增财力完全是杯水车薪，加之地方各类基础设施建设项目，投资量大、周期长、收益率低或几乎没收益，直接从银行贷款难度很大。在这样的背景下，地方政府通过各类融资平台，或发行债券，或采取 PPP 等方式融资，以支持本地经济建设，这样不仅能够满足地方政府职能发挥的需要，缓解资金压力，同时也能够化解公共产品受益和成本负担不一致的矛盾。大量轨道交通、管道铺设、教科文卫等市政基础设施无法在短时间内收回成本或者有形收益很难衡量，无法在一个财政预算周期内实现收支平衡，而政府通过举债融资，可以实现一次投资多次收益，将财政资源在较长时间跨度内进行优化配置。蒂布特在其有关地方公共支出分析中将税收视为公共产品或服务的价格，认为流动性较低的地方政府在农村或郊区会存在一个固定的收入—支出模式，使公共支出处于最优规模，因而由地方政府提供地方性公共产品是最有效率的。这里的有效率指的是帕累托效率，即此时社会福利会实现最大化。然而采用举债融资进行市政基础设施建设其绩效又将如何呢？这正是本书将要进行分析的内容。

2.2.2 财政分权理论

财政分权是指中央政府给予地方政府一定的财权和支出责任范围，允许地方政府自行决定其财政支出规模和支出结构，以提供使公众满意的公共产品与服务。政府间财政关系的调整基本都围绕集权与分权展开。财政分权的基础是事权划分，而事权的确立建立在政府职能分工基础上，需要符合效率与公平原则。财政分权理论是在经济学家蒂布特（Charles M. Tiebout）于 1956 年发表《一个关于地方支出的纯理论》之后逐渐走向成熟的。根据其发展阶段和主要内容大致

---

① 钱伯华. 新征程：迈向现代化的中国城镇化［EB/OL］.［2019－10－21］. https：//www. sohu. com/a/348293523_115495.

分为三个时期：第一个时期是 20 世纪 50 年代至 80 年代，这一时期的财政分权理论通常被称为第一代分权理论，也称第一代财政联邦制理论。重点围绕财政分权的合理性与必要性以及不同级次政府在提供公共产品时的优劣比较等问题展开研究和论述。其代表人物有哈耶克（Friedrich August Hayek）、蒂布特（Charles M. Tiebout）、马斯格雷夫（R. A. Musgrave）和奥茨（Wallace E. Oates）等。第二个时期是 20 世纪 80 年代至 21 世纪初，这一时期的财政分权理论被称为第二代分权理论，第二代财政分权理论引入了激励相容与机制设计学说，并把微观经济学的研究方法运用到财政学中。其代表人物是布坎南、钱颖一、罗兰（G. Roland）、温格斯特（Barry R. Weingast）和麦金农（R. I. McKinnon）等。第三个时期是 21 世纪以来财政分权理论的新发展，尤其是 2008 年金融危机以来，越来越多的学者认为正是由于多年来的财政联邦制才导致了美国的华尔街金融危机蔓延到州政府和地方政府的债务危机。杰米·帕克（Jamie Peck，2014）认为 20 世纪 80 年代以来市政债券市场的快速增长反映了一种财政安排的结构性转向，即从财政联邦制的再分配倾向转移到财政权力下放，融资和信贷私有化。

第一代财政分权理论（first generation fiscal federalism，FGFF）是由 20 世纪 50 年代及 60 年代流行的公共财政理论中发展而来的。其核心观点是，地方政府在为本辖区居民提供公共产品时具有信息比较优势，并且由于地方政府之间存在竞争，政府官员会做出满足纳税者偏好的财政决策，因而地方政府的公共品供给行为是有效率的。哈耶克在《知识在社会中的运用》一文中提出信息传递需要耗费资源和成本，地方政府可以比中央政府更有效地利用当地信息做出决策，由地方政府提供地方性公共产品和服务可以降低信息成本，因此会更有效率。蒂伯特提出居民可以"用脚投票"迁移到最能满足自身偏好的地区，从而使地方公共产品的提供如同私人产品的市场提供机制一样达到一种最优配置状态效率①。马斯格雷夫提出了财政的三个职能：资源配置、收入分配与经济稳定。马斯格雷夫的研究强调了公共产品受益范围不同则应由不同级次的政府来提供，中央政府对于受益范围是全国性的公共产品具有提供的成本优势，且对于收入分配和经济稳定是更有效的。奥茨的主要贡献在于提出了"分权定理"："对于特定公共产品，如果其消费涉及全部人口子集，地方政府和中央政府对该公共产品的供给成本相等，则地方政府能够依据人口子集的偏好向各自辖区的居民提供帕累托有效的产量，而中央政府却无法向全体居民提供帕累托有效的产量。"第一代财政分权理论所遵循的是古典经济学的研究方法，其前提假设是政府官员都是公共利益的守护者，政府的目标是追求社会福利的最大化。因而他们的研究只考虑了分权所带来的效率改进，却忽视了分权可能造成的预算软约束和道德风险等问题，如姚洋认为，中国的财政分权在一定程度上加重了预算软约束问题。

第二代财政分权理论（second generation fiscal federalism，SGFF）与第一代财政分权理论的前提假设不同，该理论认为政府追求的是自身利益最大化。20世纪80年代以来，财政分权已经成为一种世界趋势，并由此推动了第二代分权理论的发展。SGFF以政府预算最大化为基本假设，运用委托代理理论、信息经济学以及激励相容理论等，研究财政分权下地方政府如何实现帕累托有效率等，使财政分权理论对财政实践的解释力增强。SGFF理论的起源是"市场维护型"财政联邦制理论。布伦南和布坎南（Brennan and Buchanan，1980）的研究改变了财政分权理论的前提假设，韦思加斯特（Weingast，1995）认为，市场维护型财政联邦主义在英美经济发展早期起到了关键作用。此后，钱和韦恩加斯特（Qian and Weingast，1997）的研究阐述了政府运行的内部机制，正式构建了第二代财政分权理论。他们认为

① Tiebout, Charles M. A Pure Theory of Local Expenditures [J]. Journal of Political Economy, 1956, 64 (5): 416-424.

传统理论没有充分考虑政府官员的激励，官员有私人利益，一旦缺乏约束，就可能会产生寻租行为。麦金农（McKinnon）认为，货币权力与财政权力的分离是欧洲货币体系建立的主要动因之一，有利于实现财政预算的硬约束①。钱和罗兰（Qian and Roland，1998）通过建立模型进行研究，也证实了财政联邦主义确实有助于防止软预算约束的出现，为财政的良性运行提供激励机制。SGFF 的研究实证检验了地方政府处于政治激励和经济激励的双重激励机制下，该激励机制可以显著促进经济增长，并且善治型政府结构能够保障市场运行的高效率。

　　21 世纪以来财政分权理论的新发展是伴随着世界各国经济社会发展现实而展开的，如朱娃夫斯卡娅（Zhuravskaya，2000）对比分析了俄罗斯和中国的财政分权体制，认为俄罗斯的政府间收入共享计划较少为地方政府提供财政激励，在俄罗斯，地方政府自身收入的变化几乎都被共享收入的变化抵消。这种情况导致了政府对私营企业的掠夺性行为。因此与财政激励显著的中国财政分权体制形成了鲜明对比，揭示了为什么与其他正在进行经济改革的国家相比，俄罗斯的经济增长更慢，公共产品提供效率更低。帕克（Peck，2012）认为，财政联邦主义正面临危机，2008 年的华尔街危机正在从市场转移到政府，从精英阶层转移到边缘人群，从联邦政府转移到州和市政当局。随着中国地方政府债务问题日益受到关注，国内众多学者也对财政分权与地方政府债务之间的关系进行了研究和探讨，学者们普遍认同在财政分权、双重激励（经济激励和政治激励）的共同作用下，地方政府倾向于举债融资进行大规模基础设施建设，财政分权与晋升激励对我国各省级地方政府债务规模均存在显著的正向影响。

　　财政分权理论为公共品供给和财政管理权限的规则制定提供了坚实的理论支撑，如地方政府对辖区内居民的公共需求具有信息比较优

---

　　① 罗伟卿. 财政分权理论新思想：分权体制与地方公共服务［J］. 财政研究，2010（3）：11 – 15.

势，但地方政府也有自身的利益诉求，如果不加以监督，则会产生双重激励问题，导致地方政府过度追求预算最大化，从而积累大量地方政府债务。财政分权理论对地方政府债务绩效问题的研究具有如下启示。

（1）地方政府债务风险与收益并存。1994 年分税制改革所产生的财权上移而事权下移的结果使地方政府存在"有支出责任而无财力保证"的现象。而地方政府在双重激励下具有借债发展地方经济的动力，在当前财政分权条件下，转移支付尚不成熟稳定，地方政府为了缓解财政压力，举借债务具有一定的主动性和必然性。因而对地方政府债务问题的研究不能只看到风险而无视其经济和社会绩效。

（2）财政分权制度设计对提高地方政府债务绩效至关重要。尽管有不少国家都采用了分权模式来提供公共产品和服务，但是每个国家的政府绩效差异巨大。财政收入分权和支出分权的合理匹配是非常关键的影响因素，相对于支出分权而言，收入分权度过高会导致中央政府财政紧张，无法对整体经济进行宏观调控；而收入分权度过低则又会引发地方财政紧张、地方政府债务膨胀等问题，从而影响地方政府公共服务职能的发挥。

2.2.3　新公共管理理论

20 世纪 70 年代末以来，西方国家兴起一场"重塑政府"的新公共管理运动，该运动以"经济人"假设为前提，以市场价值为导向，追求经济性（economy）、效率性（efficiency）和效果性（effective），并将企业管理的工具和方法，特别是绩效理念应用到公共部门的管理中，这些运动和实践所催生的理论就是新公共管理理论。其代表人物主要有胡德、奥斯本和巴泽雷。

胡德是公共管理研究领域的代表人物，其最早提出了"新公共管理"理论，他主要致力于政府行政规制及公共部门改革等研究，为西方的政府行政改革做出了诸多贡献，相继获得多项学术荣誉①。胡德认为，新公共管理理论以新制度经济学、公共选择理论、交易成本理论以及"委托—代理"为理论支撑，将其主要理论特征概括为七项：专业化管理、绩效导向的目标管理、投入产出控制、公共部门分散化、引入竞争机制、借鉴私营部门管理方式以及重视资源利用与开发（Hood，1991）。

奥斯本曾为美国"国家绩效委员会"（National Performance Review）提供智力支持，被誉为"政府再造大师"。奥斯本认为，不应将执行政策作为政府的职能定位，政府的主要职能是制定政策。如此可以缩小政府规模、减少开支、提高效率；政府应以顾客或市场为导向，为公众提供满意的公共产品和服务；政府应广泛采用分权方式进行管理，以加快对社会变化的反应，提高决策的速度（奥斯本等，2006）。

巴泽雷认为，摒弃官僚制的时代已经到来，在其著作《突破官僚制：政府管理的新愿景》中，巴泽雷提出了强调顾客服务导向和授权，将市场竞争机制引入政府内部，以降低运行成本、提高工作效率。"公共管理"要实现过去"自上而下"的控制式管理方式向成员对组织使命和工作绩效认同的转变（巴泽雷，2002）。

新公共管理运动是在传统公共行政理论受到挑战的环境下产生的，是经济学和企业管理理论在公共行政领域的综合应用。新公共管理理论认同经济学的经典"理性人"假设，认为社会个体都偏好实现个人利益的最大化，公共行政人员亦然，因此在公共管理实践中，应正确对待公共行政人员的利益诉求，通过适当的激励机制激发其个人潜能，而不是通过严格的规章制度来束缚其个人主动性。新公共管

---

① 1996 年，胡德入选英国国家学术院（The British Academy）院士。1995～2000 年，他被授予伯明翰大学公共政策学院名誉教授。2001 年，他入选英国社会科学研究院院士。2007 年，由于其对公共管理领域研究的持续贡献，胡德被美国公共管理研究协会（Public Management Research Association）授予著名的"乔治·弗雷德里克森奖"（H. George Frederickson Award）。

理理论主张利用经济学方法建立公共责任机制，提高政府服务效能。早在 20 世纪 30 年代末，传统公共行政理论收到严厉批评时，企业管理理论就已经影响到公共行政领域，行为科学理论、系统论、权变理论等都对公共行政理论的发展产生过重大影响，为新公共管理理论的产生与发展奠定了坚实的理论基础。社会发展与公共部门改革的必然产物就是新公共管理实践与理论的发展，这一理论发展反映了公共行政演进的规律和趋势，为行政改革及研究做出了重要贡献。

新公共管理理论展现了政府与市场关系的新格局，使各国政府都较以往管理得更少，放权得更多，允许市场边界不断扩展。新公共管理理论是将企业管理的一整套原理、技术和方法应用于公共部门管理的结晶，表明了管理哲学的普适性，我国政府所面临的管理能力和管理绩效不理想的状况将成为我们批判地借鉴新公共管理理论的基本立足点。随着 20 世纪 70 年代末和 80 年代初新公共管理运动在西方国家逐渐兴盛，政府绩效管理的内容逐渐在理论上得以确立。但如何衡量政府绩效其实一直是有争议的，而缺乏共识的原因就在于不同学者和公共管理人员可以追踪到的组织绩效的维度是存在差异的。为了消除这些差异，学者们尝试构建了关于公共部门绩效概念化的模型，比如"3E"模型和"IOO"模型。"3E"模型关注的是公共服务的经济性、效率性和有效性；而"IOO"模型关注的是输入、输出和结果，输入与经济性的含义相当，而输出则包含了一系列的内容，比如数量、质量和速度等，产出与投入的比率还提供了技术效率的定义，结果则相当于"3E"模型中的有效性，但也包括影响和公平性。

后期又有很多学者对"3E"模型和"IOO"模型进行了扩展，提供了一系列公共服务绩效衡量的指标，比如增加了公平性的"4E"模型。然而，根据安德鲁斯等（Andrews et al.，2006）的说法，判断某件事绩效的好坏应当是在旁观者的眼中。因为如果政府的绩效表现是由内部人员来评判，他们可以由多种渠道获得有利的信息来源来做出高绩效的判断。对企业绩效的判断是由利益相关者做出的，评价主体可以是内部员工也可以是外部客户或监督机构。在对地方政府的绩效进行研究时应当更加重视评价的客观性，特别应注重第三方评价的作用。地方政府债务管理也需要吸收新公共管理理论的思想精髓，将过去重投入、轻产出的管理思想转变为绩效导向型和投入产出控制型。

2.2.4　委托代理理论

委托代理理论产生于20世纪六七十年代，部分经济学家对于阿罗—德布鲁体系中的企业黑箱理论产生了质疑，在研究企业内部信息不对称和激励问题时提出来的，是在契约理论的基础上的发展起来的。马瑞斯（Marris，1963）和威廉姆森（Williamson，1963）分别通过构建理论模型来分析企业经营中的代理人问题。委托代理问题是由于信息非对称和契约非完备带来的，委托人将行动权力授予代理人，然而委托人却不得不承担代理人行动所带来的风险。当代理人以委托人名义做出行动时，其风险和后果则由委托人承担。委托代理理论重点研究的是如何在参与双方信息不对称和存在利益冲突的情况下，设计合理的激励约束。随着学者们对委托代理理论的深入研究，其研究范围从企业管理领域逐步扩展到公共管理领域。理论上而言，只要存在受托责任，就会存在委托代理关系。中央政府和地方政府之间、地方政府与辖区民众之间均存在委托代理关系。文赞特和克罗瑟斯（Vinzant and Crothers，1998）的研究指出，在大多数国家，都是由地方政府负责管理和提供公共服务，内容包括从垃圾清运到提供教育以及照顾老年人和弱势群体等，地方政府除了提供公民所依赖的公共服务外，往往也是国家的代理人，提供地方公共服务的"基层政府人员"通过与公民用户的互动，在塑造公民含义方面发挥着重要作用。因此，地方政府绩效问题对于研究人员、政策制定者以及公民而言都是一个具有持久性的重要问题。

中央政府、地方政府以及辖区民众之间存在利益冲突是代理问题产生的前提。首先，中央政府和地方政府之间存在委托代理关系，地方政府受中央政府的委托承担提供公共产品和公共服务的责任，但是两者之间存在信息不对称，地方政府出于自身利益最大化的考虑，往往追求财政预算最大化，在地方政府债务规模日益膨胀的过程中，中央政府不得不承担地方政府违规举债等行为所带来的风险，而地方政府是中央政府的代理人，在行动过程中，既要服从中央政府的决定安排，但在可以自由裁量的行动空间中也会试图谋求自身的经济或政治利益。由于中央政府并不能直接观测地方政府的所有行动，能观测的只是一些经济变量，这些变量是由地方政府的行动和其他外部环境因素共同决定的，所以地方政府为了能够让中央政府看到更多的政绩，往往追求外显性公共物品的生产而忽视民生性公共服务的提供，这突出表现在各地方政府都热衷于基础设施投资建设。其次，地方政府与辖区民众之间也存在委托代理关系，地方政府基于公众受托责任，为辖区民众提供地方性公共产品和服务，但两者之间存在信息不对称和地位不平等，辖区民众的真实需求往往难以得到回应，或者由于"搭便车"行为的存在，真实需求难以获得，这会导致地方政府提供的公共产品与辖区民众需要的公共产品之间存在较大差异，产生公共产品的供需失衡。合理评价地方政府债务绩效既能为中央政府科学评判地方政府绩效提供参考，也是构建地方政府激励约束机制的重要途径。

本 章 小 结

第 2 章首先对地方政府债务、地方政府债务绩效、地方政府债务过程绩效和地方政府债务结果绩效的概念给出了界定。其次系统梳理了与地方政府债务绩效有关的理论，如公共产品理论、财政分权理

论、新公共管理理论和委托代理理论，并对这些理论在本书中的具体
应用进行了分析，公共产品理论是地方政府举债进行基础设施建设的
逻辑起点，正因为地方政府在提供地方公共产品方面的成本和信息优
势，所以中央政府才给予地方政府相应的财政事权；财政分权理论则
为地方政府举债融资的必然性和激励性提供了理论支撑；新公共管理
理论强调绩效导向在地方政府债务管理中的重要性，为地方政府债务
绩效提供了可操作化概念的借鉴；而委托代理理论说明了合理的激励
约束对于地方政府完成受托责任意义重大。上述理论分析为下一步的
作用机理分析和实证检验分析夯实了基础。

第3章 地方政府债务绩效作用机理分析

　　地方政府债务绩效是指地方政府在使用债务资金进行市政基础设施建设等债务投资活动时所体现的经济性、效率性以及所达成的效益和效果的总称。其中，经济性和效率性反映了地方政府债务的过程绩效，而效益性和效果性则反映了地方政府债务的结果绩效。主要运用逻辑模型、生产函数理论、市场供求理论揭示地方政府债务资金的运行原理，分析地方政府债务过程与结果绩效的作用机理。

3.1　地方政府债务过程绩效作用机理

　　对地方政府债务过程绩效和结果绩效作用机理的分析均借助于逻辑模型。逻辑模型的运用可以追溯到20世纪70年代。目前，逻辑模型分析框架在西方发达国家对公共项目进行管理和绩效评价时被广泛采用。哈利（Harley，2005）在分析非洲的教育发展项目时指出，对项目评价过程的审查突出了国际援助机构在项目发展和评价活动中最喜爱的工具就是逻辑模型框架。

　　逻辑模型是用于改进干预措施而设计的管理工具，通常应用在项目管理中。逻辑模型框架主要包括了投入、产出、结果、影响及其因果关系，衡量指标以及可能影响成功和失败的假设或风险等。逻辑模型侧重于对因果关系序列的研究，这一因果序列涵盖了从输入开始，经过活动和输出，最终达到结果、影响和反馈等。在一些机构的逻辑模型中，项目或政策的受众也是结果链的一部分。国内有不少学者运用逻辑模型对工程项目进行评价，如华瑶和周雨（2011）利用逻辑模型框架对电网建设项目进行了评价。高晓龙等（2012）采用逻辑模型框架对城市垃圾处理建设项目进行了评价。上述评价都属于项目后评价，项目后评价是项目评价的重要内容，是在项目投资建成并运营一定的时间后，对投资项目的经济和社会效益进行的综合评价。综合评价所采用的数据是实际发生的真实数据，所以运用逻辑模型进行项目后评价具有现实性、客观性、全面性、公正性等特点。在运用逻辑模型对项目进行评价时其核心是要确定要素之间的因果联系，即"如果"保证了某种条件的存在，"那么"就会有某种结果的产生。这些条件包括事物内因与外因两大类。逻辑模型的基本框架是一个 4×4 的矩阵，如表 3-1 所示。

表 3-1　　　　　　　再就业培训项目逻辑模型的基本框架

要素描述	衡量指标	具体衡量方法	重要的外部条件
效果	直接效果和间接效果	再就业人数、经济增长速度	实现效果的外部条件
产出	再就业讲座、技能培训	讲座次数、技能培训人数	实现产出的外部条件
活动	联系场地、宣传推广	场地落实情况，推广普及率	开展活动的外部条件
投入	培训资金、讲师资源	再就业项目支出、讲师数量	保证投入的外部条件

表 3-1 是以再就业培训项目为例，垂直方向列出了逻辑模型中的投入、活动、产出、效果四个关键要素，它们之间存在自下而上的因果关系。而水平方向则表明了要素的衡量指标、衡量方法和实现这些要素的外部条件。

表 3-1 的逻辑模型框架说明了如下三个因果关系，即如果投入了培训资金和讲师资源，那么就有联系场地、宣传推广等活动；如果有联系场地、宣传推广等活动，那么就有再就业讲座、技能培训等产

出；如果有再就业讲座、技能培训等产出，那么就有再就业人数增加的直接效果和经济增长速度增加等间接效果。可见，效果层次是逻辑模型要素的最高层次，表明了项目存在的目的和意义，包括直接效果和间接效果；而产出层次是项目活动的特定结果，是项目投入的直接产出，是效果实现的必要保证；活动层次是实现产出的必要保证，一定项目产出的实现必然要通过项目活动来进行；投入层次则是基础保障，没有足够的投入则无法保证项目预期目标的实现。项目逻辑模型还非常重视对外部条件的分析。以最高层次的效果为例，前面的投入、活动、产出要素全都具备时，也未必会产生预期的效果，因为外部条件也是实现预期效果的重要因素。直接效果中再就业人数的增加固然需要就业人员本身技能水平的提高，但如果经济发展处于萧条阶段或者由于突发事件造成对经济的冲击等都可能使这一预期目标无法达到。而间接效果经济增长速度的实现则需要考虑更多的外部因素，产业结构调整、经济动能转换等都会对经济增长速度产生重要影响。

　　尽管逻辑模型在项目评价中应用广泛，但是运用逻辑模型对地方政府债务绩效进行研究的文献相对较少。王雍君（2016）在分析目前财政绩效评价的盲点时指出，痴迷于绩效评价的指标却完全忽视逻辑模型无助于精准识别绩效，当前的绩效评价还存在普遍重视内部评价而忽视外部视角的状况。借鉴逻辑模型的基本思路，从外部视角来分析地方政府债务绩效。逻辑模型通过一系列活动来解释某种效果产生的原因，是广泛使用的因果关系框架之一。地方政府债务支出逻辑模型也是由一系列因果链组成的。具体如图 3 - 1 所示。

　　图 3 - 1 所示逻辑模型中，地方政府债务资金使用过程包括投入和活动两个要素，使用结果包括产出和效果两个要素。根据经济合作与发展组织（OECD）所给出有关逻辑模型的定义，投入（input）是指用于发展干预的财力、人力和物质资源；产出（output）是指发展干预所产生的产品、资本货物和服务，还可能包括干预所导致的与结果实现有关的变化。而效果（outcome）是指可能或实现了干预措施

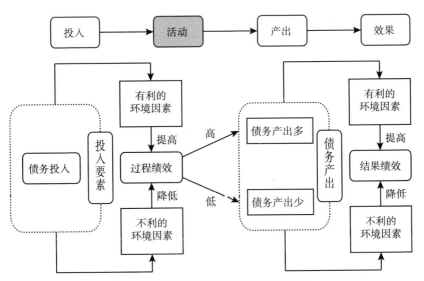

图 3 - 1　地方政府债务支出逻辑模型

产出的短期和中期效果，与之相关的术语有结果（result）、影响（impact）等。由于本书切入点是从外部视角考察地方政府债务绩效，因而"活动"这一要素被看作"黑箱"，如同生产装配的内部过程一样，在内部视角分析绩效时可将其纳入逻辑模型中，而本书重点关注的是投入到产出的过程绩效以及从产出到效果的结果绩效。投入主要是指地方政府进行市政基础设施建设时所投入的债务资金；产出主要包括水电气、轨道交通等基础设施，有关债务产出指标的内容详见第4 章；效果是指由于地方政府债务投资于基础设施建设而对经济和社会发展所带来的直接和间接影响。理论上，对逻辑模型四要素产生影响的因素最终都会影响地方政府债务绩效。为了使分析能够聚焦于地方政府债务资金的使用环节，这里假设债务资金投入是外生的，因而在后续分析中不再考虑影响地方政府债务投入规模的因素。需要深入探讨的是哪些因素会影响"产出"和"效果"这两个环节。按照逻辑模型分析框架，"产出"和"效果"的影响因素不仅包括内部投入因素和产出因素，即投入是产出的内因，而产出是效果的内因，还要包括对重要外部条件的分析。由于投入→产出环节和产出→效果环节其作用机理是不同的，因此在对产出影响因素进行分析时主要依据生产函数理论进行，对效果影响因素的分析则借助于市场供求理论。

对"产出"影响最重要的因素是投入要素，投入要素的多少决定了产出水平的高低，但在投入要素既定的情况下，外部环境因素也会对"债务产出"产生影响，因此对"产出"影响因素的分析其实是对过程绩效作用机理的分析；对"效果"影响最重要的内部因素是债务产出，而对其重要外部条件进行分析是在假设债务产出既定的情况下，研究哪些外部环境因素会对"债务效果"产生影响，其实质是对结果绩效作用机理的分析。

依据生产函数理论，影响最终产出的因素主要有劳动投入、资本投入和技术进步等。即生产函数通常表示为：$Q = AF(L，K)$，其中，A 代表技术效率水平；K 代表的是资本投入量；L 代表的是劳动投入量。在生产技术条件一定的情况下，则主要取决于劳动和资本的投入量。一般而言，当地方政府将债务资金不断投入市政领域公共产品的生产时，公共产品的供给数量是增加的，其前提条件是资本投入和劳动投入量同时增加，但现实情况是资本的积累速度往往快于劳动力的积累速度，所以当劳动力的增长速度远远跟不上资本的增加速度时，就会出现边际报酬递减的情况，即 $\frac{\partial Q}{\partial K} < 0$，也就是资本的边际生产力下降。

我国的劳动力资源较为丰富，但经过 40 余年的改革开放进程，劳动力的总量呈下降趋势。人口老龄化程度加深，人口出生率下降，使中国的适龄劳动人口逐渐减少，已经无法跟上资本积累的步伐。国家统计局官网数据显示，截至 2021 年底，全国 65 岁及以上人口数达 20056 万人，占总人口的比重为 14.20%；与之形成鲜明对比的是人口出生率与人口自然增长率却在下降。自 2016 年以来，人口出生率与人口自然增长率逐年下降，如 2019 年我国人口出生率为 10.48‰，人口自然增长率为 3.34‰，仅仅两年之后，2021 年我国人口出生率

仅为 7.52‰，人口自然增长率下降为 0.34‰。15~64 岁劳动力人口
自 2013 年达到峰值后一直呈现逐年下降趋势。地方政府过度增加
债务投入很可能造成产出效率的降低和财政资源的浪费，此时，只
有通过技术进步，使生产可能性边界往外拓展或发生变形，才有可能
使新增投入资源的边际报酬恢复递增或者不变的生产有效状态，即
$\frac{\partial Q}{\partial K} \geq 0$。

具体如图 3-2 所示。

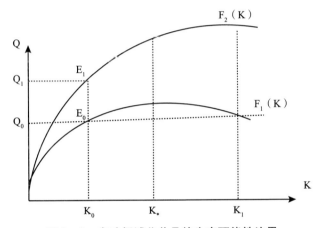

图 3-2 市政领域公共品的生产可能性边界

图 3-2 中的 $F_1(K)$ 和 $F_2(K)$ 分别代表两种不同生产可能性边
界的公共品生产函数，其中，$F_1(K)$ 的生产可能集被包含于 $F_2(K)$
的生产可能集中。在同样投入 K_0 资本的情况下，$F_1(K)$ 所带来的产
量是 Q_0，而 $F_2(K)$ 所带来的产量是 Q_1，在 K_* 点，$F_1(K)$ 生产函数
已经达到了边际产量 MP_K 为零的状态，在这一点之前 $MP_K > 0$，
$F_1(K)$ 生产函数所对应的状态均为有效生产的状态，这一点之后再
增加资本投入，则会导致 $MP_K < 0$，$F_1(K)$ 生产函数进入无效状态，
产生资本投入的浪费。在资本的投入量为 K_1 时，此时的 $F_1(K)$ 所对
应的产量与投入量为 K_0 时是相同的，但生产函数 $F_2(K)$ 因为有更大

的生产可能集，因此其生产可能性边界也大幅向外拓展，能够拥有更高的产量，这可能是由于该函数有着更好的生产技术或者更优的生产流程等，其生产效率优于 $F_1(K)$ 函数。

上述对资本投入的分析同样也适用于劳动投入，即随着劳动投入量的逐渐增加，边际报酬会依次出现递增、不变和递减的状态，从而对过程绩效产生正向或负向影响。但以上分析是在保持一种投入不变的情况下，不断增加另外一种投入要素时可能会出现的情况，若两种要素同时增加或者由于某种要素的稀缺性导致不能同时增加时，其对过程绩效的影响则具有不确定性，具体作用方向取决于两种要素投入资源的相对稀缺程度。国家统计局官网数据显示，自2010年以来我国15~64岁劳动年龄人口占全国人口比例呈逐年下降趋势，已经由2010年的74.53%下降到2019年的70.65%。劳动力稀缺的状况在很多领域已经开始显现，姚宇和刘育红（2009）指出我国已经进入劳动力稀缺时代。在地方政府债务投资领域，同样会面临劳动力相对稀缺的问题。在地方政府债务投入不断增加的过程中，由于劳动力相对稀缺无法及时与资本投入相匹配时，就会影响债务绩效的经济性和效率性。据此提出研究假设1。

假设1：要素投入对地方政府债务过程绩效有显著影响。在当前我国人口老龄化背景下，由于劳动力资源相对稀缺，债务投入不断增加的过程中，难以有相应的劳动力与资本投入相匹配，因而债务投入对过程绩效具有负向作用。

此外，生产技术效率也是影响产出的重要因素，更是过程绩效的重要组成部分。生产技术效率反映了地方政府在进行债务投资与市场环境互动的过程中的效率水平，政治、经济和社会环境因素都会对生产技术效率产生影响。在借鉴陈诗一和张军（2008）、金荣学和胡智煜（2015）等研究的基础上，将财政分权度、市场化程度、城镇化率和对外开放程度纳入环境变量的分析框架中。

1. 财政分权度

政治集权下的经济分权是我国的基本制度背景，众多的学者对此已经达成共识。而财政分权是经济分权的重要组成部分，在研究地方政府的公共品供给时，财政分权是至关重要的因素。财政分权理论认为，地方政府在提供地方性公共产品时具有信息优势，比中央政府更有效率。照此推论，财政分权应有利于地方政府债务过程绩效的提高。然而，我国的财政分权具有不同于其他国家的一些特点，是一种"事实性分权"。这一"事实性分权"的重要特征在于财政分权从属于行政集权，且收入分权与支出分权具有较大的差异。这些"事实性分权"的特征决定了选择单一的支出指标或收入指标都无法反映财政分权的所有信息。在后续分析中将采用财政收入分权度、财政支出分权度和财政自主度三个指标来衡量我国的财政分权度状况。

2. 市场化程度

新古典经济学理论认为，市场是资源配置最有效率的手段，通过完全竞争模型可以实现帕累托最优，此状态下不存在帕累托改进，这时整个社会的经济运行也是最有效率的。尽管后期有很多学者质疑其理论假设与现实社会不符，但不可否认的是"市场"是"计划"不可替代的手段。我国的改革开放实践已经证明，市场配置资源的效率要大于"行政计划式"配置。一般而言，市场化程度越高的地方其经济活力越高，这会形成一种倒逼机制，使地方政府不断提高行政效率，改善治理效能。市场化程度对地方政府债务过程绩效具有促进和提升作用。

3. 城镇化率

城镇化一般是指人口从农村地区向城镇地区聚集的过程，表现为城镇人口比重的不断提高。随着人口不断向城镇迁移，必然带来的是生活方式的转变，更多的城镇人口需要更多的市政公共设施，可以产生规模经济并降低人均公共成本，这会提高地方政府债务过程绩效。但不可忽视的一点是，城镇化率较高的地区也有可能存在交通拥挤、环境污染等"城市病"，这无形中增加了地方政府提供公共服务的成本，这很有可能会对地方政府的债务投资过程绩效产生负面影响。由此可见，城镇化率对地方政府债务过程绩效的影响具有不确定性。

4. 对外开放程度

改革开放以来，我国的经济实力和综合国力都得到了极大提升，其中参与国际分工所带来的边际效率改善是重要原因之一。地方政府在对外开放中承担着重要角色，特别是在完善基础设施建设、吸引外商投资方面做出了巨大贡献。投资环境的改善不仅需要硬环境建设，更需要软环境的营造。当前全球竞争已经不仅是对资本和人力资源的争夺，更是一种制度优势和营商环境的比拼。对外开放程度越高，对地方政府的行政管理职能和公共服务能力都有更高的要求，因此对外开放程度的提高可以使地方政府执政能力得到快速提升，以增强本地区对外商投资的吸引力。可见，对外开放程度对地方政府债务过程绩效具有正向作用。

根据上述分析，提出研究假设2。

假设2：外部环境因素对地方政府债务过程绩效有显著影响。其中，财政分权度、市场化程度、对外开放程度都会对地方政府债务过程绩效产生正向作用，而城镇化率对地方政府债务过程绩效的作用具有不确定性。

3.2　地方政府债务结果绩效作用机理

较高的债务产出并不一定意味着良好的效果，对结果绩效作用机理的分析必须结合市政公共品的市场供求状况进行探讨。地方政府债务资金的使用需要以有效促进经济发展，满足居民对市政设施的公共需求为约束条件。图3-3为市政领域公共品的供求曲线。

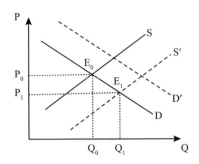

图 3 - 3　市政领域公共品的供求曲线

假定 S 为某辖区政府的市政领域公共品的供给线，D 为辖区内居民对市政领域公共品的需求线。在财政预算收入约束下，假设原来的均衡点位于 E_0 点，此时的均衡价格为 P_0，均衡数量为 Q_0，如果 E_0 点提供的市政领域公共产品刚好能够收回成本，则认为此时的供给数量是合理的。

一旦预算约束放松时，比如政府通过举借债务增加对市政领域的投资，则会使市政领域公共产品的供给线向右移动至 S′，此时如果辖区内居民对市政基础设施等公共品的需求不发生变化时，则新的均衡点会位于 E_1 点，市政领域公共产品的均衡价格会下降到 P_1，均衡数量会增加到 Q_1，若该价格低于生产的平均成本甚至是边际成本，则将导致公共产品投资的成本无法收回，引起地方政府债务风险增加。此时政府债务的增加不利于提高结果绩效。还存在另一种情况：辖区内居民对市政基础设施的需求增加，使需求曲线向右移动到 D′位置，这种情况出现可能有两个原因：一是辖区内居民对市政领域公共产品的需求偏好发生了变化，比如随着人民对美好生活向往的增加，希望有更宽敞的马路、更便利的交通等；二是辖区内常住人口增加，这可能是城镇化率的提高，使农村地区的农业人口转移到该辖区，或者由于更多的外地人口"用脚投票"迁移到该地区，此时由于供给需求同时增加了，公共品的价格会高于需求不变时的情况，公共产品的供给效果也会提高。这些分析表明，地方政府债务投资所生产的市政公共产品数量必须要适度匹配辖区居民的公共需求，才能使债务资金处于高效配置状态；反之，当地方政府债务投资过多，即使其满足了生产有效状态，也会因为无法与辖区居民的公共需求相匹配，导致其结果绩效处于较低水平上。

借助于对市政公共产品市场供求关系的分析，可以得知"效果"的好坏取决于是否满足了供需匹配的条件。从供给角度来看，只有地方政府提供的市政公共产品产出在合理水平时，才能产生相应的经济效益和社会效益。而在现实情况下，由于公共产品的真实需求难以获得，或者由于"搭便车"等行为的存在导致地方政府所获取的需求意愿低于真实需求水平，因此在确定市政领域公共产品的供给数量时，地方政府往往出于政绩考虑倾向于多供给而不是少供给。政府举债融资进行市政基础设施建设可能会造成市政公共产品的过度供给。据此提出研究假设3。

假设3：从供给角度来看，在缺乏公共产品真实需求的情况下，地方政府债务产出往往高于实际需求，因而债务产出会对债务结果绩效产生负面影响。

如果将供给视为是产出环节的既定结果，则需要重点分析影响需求的因素。毕竟供给存在的目的是满足需求，如果没有相应的需求匹配，再高的供给水平也只是对公共资源的浪费。尽管可以对市政公共产品市场的供求关系进行规范分析，但现实社会中往往由于"虚假需求曲线"的存在，使人们常常怀疑对公共产品的需求表达是否真实可靠。对公共产品需求进行分析的经典模型是中位选民模型，借鉴伯格斯特罗姆和古德曼（Bergstrom and Goodman）的文章《私人对公共产品的需求》针对微观个体对公共产品需求的分析，从宏观角度探讨影响公共产品需求的因素。

如果地方政府所提供的市政公共服务或产品是纯公共产品，该行政辖区内的任何居民消费该纯公共产品都不会降低其他人的效用。那么辖区人口规模通过税收份额间接影响市政产品的数量。在较大的辖区范围内，供给成本将由更多的居民分摊，税收份额往往会更小，因而个体将偏好于更多的公共产品。如果市政供给产品是准公共产品，存在拥挤效应，那么辖区人口规模会对个人需求产生直接影响。假设个体居民 i 对公共产品的需求函数表现为如下形式：

$$G_i^* = N^{-\gamma} \times G \tag{3.1}$$

式（3.1）中，G_i^* 表示居民 i 所消费的市政公共产品的数量；G 为地方政府提供的全部公共产品的数量；N 为辖区内的人口规模；γ 用来说明产品的性质。当 $\gamma = 0$ 时，则有 $G_i^* = G$，此时该产品为纯公共产品；当 $\gamma = 1$ 时，则有 $G_i^* = G/N$，此时该产品为纯私人产品，则当 $0 < \gamma < 1$ 时，该产品为准公共产品。

假设个体的效用函数为 $U_i(X_i, G_i^*)$，其中，X_i 为居民 i 对私人物品的消费量，假设公共产品的单位成本为 q，税收份额为 τ_i，则居民 i 的消费预算约束为：

$$X_i + \tau_i qG \leqslant Y_i \tag{3.2}$$

Y_i 为居民收入，将 $G_i^* = N^{-\gamma} \times G$ 代入式（3.2），则有：

$$X_i + \tau_i qN^\gamma G_i^* \leqslant Y_i \tag{3.3}$$

式（3.3）中，$\tau_i qN^\gamma$ 可以看作公共产品的价格，假定个人对公共产品消费的价格弹性为 δ，收入弹性为 ε，则有 $G_i^* = \alpha(\tau_i qN^\gamma)^\delta Y_i^\varepsilon$，则有：

$$G = N^\gamma \alpha(\tau_i qN^\gamma)^\delta Y_i^\varepsilon = \alpha q^\delta \tau_i^\delta Y_i^\varepsilon N^{\gamma(1+\delta)} \tag{3.4}$$

式（3.4）为市政公共产品的需求函数，可见，公共产品的单位成本、税收负担、个体收入和人口规模等因素是影响公共产品需求的重要因素。但如果从宏观角度分析，式（3.4）中的带有个体特征的税收份额 τ_i 和个体收入 Y_i 无法直接进行加总，则从总体来看，公共产品的需求主要取决于公共产品的单位成本和人口规模。中位选民模型认为，增加地方政府辖区内的人口规模，能使每个居民的分担成本下降。因此将中位选民模型用于分析总体公共产品需求时，人口规模是最重要的参数。而与人口规模密切相关的城镇化率也是重要的影响因素。通过对市政领域公共产品的供求分析可以得知，在当前地方政府市政公共产品趋向于过度供给的状态下，辖区居民对于公共产品需求的提升有助于使公共产品的供给达到一定的均衡水平，提高地方政府债务的结果绩效。

1. 人口规模

博尔切丁和迪肯（Borcherding and Deacon，1972）以及伯格斯特罗姆和古德曼（Bergstrom and Goodman，1973）的中位数选民模型都把人口规模作为选民效用最大化决策的重要参数。王德祥和李建军（2008）通过对湖北省的数据进行分析，得出了人口规模对公共产品供给的"规模效应"大于"拥挤效应"的结论。一定数量的人口是推动经济发展的重要支撑，所以近年来在我国部分大城市人口需求激增，使跨区域的人口迁移更加活跃和频繁。经济发达地区的各项人才政策具有较强的吸引力，导致发达地区的人口日渐增多而经济不发达地区人口越来越少。人口的增加意味着消费潜能的增加，人口规模越大对市政公共产品的需求量越多，更容易产生规模效应，有助于市政公共产品市场的供需匹配，对结果绩效产生正向影响。

2. 城镇化率

城镇化率对地方政府债务过程绩效的影响具有不确定性，但从西方发达国家的发展事实来看，城镇化率对经济发展的促进作用不容置疑。2018年我国城镇化率为59.58%，与发达国家相比还有很大发展空间，日本在2017年达到93.02%，而美国为82.06%，英国为83.14%[①]。城镇化率的提高不仅是经济增长的重要引擎，而且我国的新型城镇化发展战略还有助于城乡居民收入的普遍提高和缩小城乡居民收入和消费差距。新型城镇化的核心目标在于平等城镇化与幸福城镇化。城镇化率对地方政府债务结果绩效具有正向作用。综上所述，提出假设4。

假设4：影响市政公共产品需求的因素对地方政府债务结果绩效有

---

① 根据世界银行官网公开数据计算所得：https://data.worldbank.org.cn/.

显著作用，人口规模和城镇化率均对地方政府债务结果绩效具有正向
作用。

本 章 小 结

本章首先运用逻辑模型对地方政府债务资金的运行过程进行了抽
丝剥茧式的分析，结合地方政府债务资金的使用过程从外部视角对债
务支出逻辑模型的投入、产出和效果要素进行了探讨。其次借助生产
函数理论分析了债务逻辑模型中投入到产出的过程绩效作用机理，并
分别针对内部投入变量和外部环境变量提出了研究假设。最后通过对
市政公共产品市场的供求分析揭示从产出到效果的结果绩效作用机理，
并分别针对内部债务产出变量和外部环境变量提出了研究假设。为后
面的实证检验奠定了坚实的理论基础。

第 4 章　地方政府债务
绩效测度

科学合理的绩效评价是研究地方政府债务绩效问题的前提和基础，遵循财政支出绩效评价中的"4E"原则，按照绩效指标选择的"SMART"标准，构建债务绩效评价体系，从外部评价的角度对我国地方政府债务绩效进行了测度。

4.1　地方政府债务绩效评价体系

地方政府债务绩效是地方债务存在的价值。毫无疑问，就像人需要不停创造价值一样，债务政策的存在也要强化其长期存在的价值和理由。地方政府债务之所以长期存在是因为其存在确实能够为公众创造价值或提供服务，一旦没有了现实的价值贡献和长期的服务承诺，就会失去存在的理由。那么地方政府债务究竟为经济社会的发展做出了怎样的贡献？需要绩效评价的结果给出答案。为了综合评判地方政府债务绩效，本章构建了包含 2 个一级指标、4 个二级指标和 7 个三级指标的绩效评价指标体系，具体内容如表 4-1 所示。

表4-1　　　　　　　　地方政府债务绩效评价指标体系

一级指标	二级指标	三级指标	指标含义	具体衡量指标
过程绩效	经济性	单位债务产出	考察固定产出下债务投入是否最小，为了使指标正向关系，采用其倒数对该指标进行衡量	债务产出/债务投入
	效率性	综合技术效率	对地方债务管理效率和使用效率的综合评价	采用DEA分析得到，综合技术效率＝纯技术效率×规模技术效率
结果绩效	效益性	经济效益	地方政府债务投资对经济发展的影响	人均国内生产总值（GDP）
		社会效益	地方政府债务投资对社会生活的影响	就业人数
	公平性	收入公平性	城乡居民之间可支配收入是否相对公平	农村居民人均纯收入/城镇居民人均可支配收入
		消费公平性	城乡居民之间人均消费支出是否相对公平	农村居民人均消费支出/城镇居民人均消费支出

表4-1中，有些指标可以通过直接查找相关统计资料得到，比如人均GDP、就业人数等，但大部分指标需要通过计算才能得出，如单位投入生产率、综合技术效率、收入公平性等。其中，有关经济性和效率性的衡量均需要明确地方债务的投入和产出指标。

4.1.1　投入变量的衡量指标

本章中的投入变量是指债务投入，针对地方债务的研究首先面临数据不透明造成的困难，难以从公开渠道获得政府部门准确的债务数据，此外，地方政府债务存在结构庞杂、统计口径难以确定的困难。因此，研究者必须基于一定的口径和方法对中国的地方债务情况进行估算。本章所采用的政府债务概念包括显性债务与隐性债务两部分，而各界对隐性债务仍缺乏统一口径和认定标准，其规模难以准确判定。目前财政部公布的债务余额为显性债务余额，2015年以后，政府债券是地方政府唯一合法的举债形式，但现实中各种变相举债方式已经形成了规模较大的隐性债务，隐性债务余额目前尚无公开的官方统计数据。学者们对隐性债务规模如何测算进行了不少研究，其中有不少学者是将城投债进行加总估算。2011年审计署对地方债的清查结果显示，地方政府债务中如银行信贷等间接融资占到80%左右。因此，基于城投债进行估算会严重低估隐性债务的规模。隐性债务虽然是由地方融资平台举借，但其资金投向基本是公共产品或准公共产品领域，地方政府起到了隐性担保的作用。因此在债务投入的衡量中必须将隐性债务也考虑进来。

在测算地方政府债务数据时主要借鉴了吕健（2015）、项后军等（2017）的做法。利用资金恒等式计算地方政府债务增量，即地方政府当年债务增量＝市政领域固定资产投资额－财政自有资金投资额－土地出让金－市政领域投资项目收入，计算所得的地方政府年度债务增量作为债务资金投入项，债务资金投入所需数据来源于历年《中国固定资产投资统计年鉴》和《中国财政年鉴》，由于我国地方政府债务规模的极速扩张是在2008年后，因此本章选择投入变量的样本数据为2008~2018年我国31个省级地方政府（不含港、澳、台地区）的面板数据。

根据债务资金恒等式，需要对市政领域固定资产投资额、财政自有资金投资额、土地出让金和市政领域投资项目收入四项指标进行计算。

1. 市政领域固定资产投资额

市政领域固定资产投资额所选取的测度指标分别为：（1）电力、燃气及水的生产和供应业固定资产投资；（2）交通运输、仓储和邮政业固定资产投资；（3）科学研究、技术服务和地质勘查业固定资产投资；（4）水利、环境和公共设施管理业固定资产投资；（5）教育固定资产投资；（6）卫生、社会保障和社会福利业固定资产投资；

（7）公共管理和社会组织固定资产投资。七项固定资产投资额的加总值即为市政领域固定资产投资额。2009 年后保障性住房的支出也是地方政府投资的重要领域，但目前的数据资料仅支持 2011 年以后的数据，考虑到数据的连续性，在计算时剔除了地方财政住房保障支出。

2. 财政自有资金投资额

财政自有资金投资额是指预算内财政资金资本性支出额，限于数据可得性，选取农林水事务支出、交通运输支出和环境保护支出之和作为代理变量。

3. 土地出让金

土地出让金扣除掉土地开发和储备等的各项成本和费用后，土地出让净收入构成地方政府的真正收入。但由于数据可得性的限制采用国家统计局网站公开数据中，房地产开发企业土地成交价款这一指标作为代理变量。

4. 市政领域投资项目收入

市政领域投资项目收入采用计算固定资产折旧额的方式来作为替代变量。由于市政领域投资不以营利为目的，主要是改善民生，因此这里假设市政领域各个行业的收入仅满足基本的运营和维护，在支付基本的债务利息等费用后，地方政府所投资的市政领域项目盈利现金流刚好满足固定资产折旧的需要。在计算折旧额时，参考张军等（2004）的做法，采用代表几何效率递减的余额折旧法。其对应的计算公式为：

$$d_\tau = (1 - \delta)^\tau, \quad \tau = 0, 1, \cdots \tag{4.1}$$

其中，d_τ 代表资本品的相对效率；δ 代表重置率或折旧率，因为它们在此时是相等的；τ 代表时期。在相对效率几何递减模式下，折旧率在各年的分布是不变的。采用我国法定残值率代替资本品的相对效率 d_τ，其值为 3% ~ 5%，这里采用中间值 4%，它表示资本品在寿命终了时，相对效率为新资本品的 4%。

　　根据式（4.1）可以计算出市政领域固定投资的综合折旧率，以该领域固定资产投资占市政领域总投资的比重作为权重，利用加权平均法测算出各个省份不同年度的折旧率，再乘以上一年度的市政领域固定资产投资额，得到折旧额，即为投资项目的盈利现金流。由于不同市政投资领域其固定资产使用年限是不同的，所以本章采用平均使用年限来进行计算，参考公共部门固定资产折旧年限对折旧率进行测算。具体如表4－2所示。

表4－2　　　　　　　　　公共部门固定资产折旧年限

公共部门	建筑安装工程使用年限（年）	设备使用年限（年）
电力、燃气及水的生产和供应业	38	20
地质勘探业	32.5	9
水利管理业	36	15.5
交通运输仓储	35	19
邮电通信业	35	8.5
城市公用事业	35	20
卫生体育和社会福利	40	10
教育、文化艺术和广播电影电视业	39	10
科学研究和综合技术服务事业	35	10
国家机关、政党机构和社会团体	35	10

　　参考公共部门固定资产折旧年限，市政领域固定资产折旧年限采用平均值计算折旧率。具体如表4－3所示。

表4－3　　　　　　　市政领域固定资产折旧年限

市政领域	建筑安装工程使用年限（年）	设备使用年限（年）	平均使用年限（年）	折旧率（％）
电力、燃气及水的生产和供应业	38	20	29	10.51
交通运输、仓储和邮政业	35、35	19、8.5	24.375	12.37

市政领域	建筑安装工程使用年限（年）	设备使用年限（年）	平均使用年限（年）	折旧率（%）
科学研究、技术服务和地质勘查业	35、32.5	10、9	21.625	13.83
水利、环境和公共设施管理业	36、35	15、20	26.625	11.39
教育	39	10	24.5	12.31
卫生、社会保障和社会福利业	40	10	25	12.08
公共管理和社会组织	35	10	22.5	13.33

通过采用以上方法，地方政府年度债务增量测算结果如图 4-1 所示。按照偿债期限在 4~5 年计算①，2018 年底地方政府债务余额在 46.58 万亿~54.24 万亿元。财政部数据显示，2018 年末地方政府债务余额为 18.46 万亿元，据此可以测算出 2018 年我国地方政府的隐性债务余额在 28.12 万亿~35.78 万亿元，为显性债务的 1.5~1.9 倍，这一测算结果与 IMF 所报告的 30.9 万亿元基本一致②，也与不少研究机构的测算结果相近。近年来，许多研究机构都对地方政府隐性债务规模进行了测算，有的从债务端计算，有的从资产端计算，测算规模基本都在 25 万亿~45 万亿元，业界人士通常认为隐性债务规模是显性债务规模的 2 倍左右。

从图 4-1 可以看出，总体而言，2008~2018 年地方政府债务增量时序变化呈现出"M"型振荡序列。2009 年地方政府债务增量急剧增加，环比增速高达 38.5%，之后呈下降态势，在 2014 年增速达到近 30% 的高点后又呈现出缓慢下降趋势。数据背后反映出财政政策的调整状况，两次债务增量的高点分别出现在 2009 年和 2014 年，2009 年政府实施促进经济平稳较快增长的十项措施，2014 年国务院

① 财政部官网资料显示，2018 年末，地方政府债券剩余平均年限为 4.4 年，其中一般债券 4.4 年、专项债券 4.6 年。
② 任泽平，罗志恒，孙婉莹. 中国财政报告 2019：政府债务风险与化解［EB/OL］.［2020-01-21］. https://www.sohu.com/a/368406779_467568.

发布《国务院关于加强地方政府债务管理的意见》，要求对地方政府性债务存量进行甄别，纳入预算管理，2/3 的融资平台债务被明确认定为政府债务①。2015 年《预算法（2014 年修订）》实施，对地方政府债务实行限额管理。国家采取供给侧结构性改革措施，实施"三去一降一补"，2015～2018 年一直处于"去杠杆"进程，2018 年地方政府债务增量环比增速降为负值。

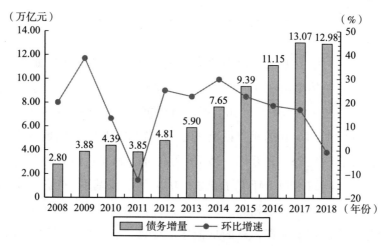

图 4-1　2008～2018 年地方政府债务增量时序趋势

根据财政部披露的数据，本章选取三个典型的时间节点考察地方政府显性债务规模：截至 2017 年 12 月末，全国地方政府债务余额为 16.47 万亿元，其中，一般债务为 10.33 万亿元，专项债务为 6.14 万亿元，专项债务占比为 37.28%；未偿还的政府债券为 14.74 万亿元，非政府债券形式存量政府债务为 1.73 万亿元，政府债券占比为 89.50%。

截至 2018 年 12 月末，全国地方政府债务余额为 18.39 万亿元，其中，一般债务为 11 万亿元，专项债务为 7.39 万亿元，专项债务占

_____

① 　资料来源：2019 年 8 月国际货币基金组织发布的国别报告第 19/266 号。

比为 40.18%；其中，地方政府未偿债券为 18.07 万亿元，以非债券形式存在的债务为 0.32 万亿元（为 2015 年前形成的未置换的地方政府负有偿还义务的债务，主要包括银行贷款等）。政府债券占比为 98.26%。地方政府债券剩余平均年限为 4.4 年，其中，一般债券为 4.4 年、专项债券为 4.6 年；平均利率为 3.51%。

截至 2019 年 8 月末，全国地方政府债务余额为 21.41 万亿元，控制在全国人大批准的限额之内。其中，一般债务为 11.96 万亿元，专项债务为 9.45 万亿元，专项债务占比为 44.14%；政府债券为 21.02 万亿元，非政府债券形式存量政府债务为 0.39 万亿元。政府债券占比为 98.18%。地方政府债券剩余平均年限为 5.0 年，其中，一般债券为 5.0 年，专项债券为 5.1 年；平均利率为 3.53%，其中，一般债券为 3.53%，专项债券为 3.52%。

上述债务规模的变化展示了显性债务的四个特点。

首先，债务规模增速加快。从地方政府显性债务规模来看，其总量仍处于增加态势，且有加速的趋势，三个时间节点之间的债务规模增加额分别为 1.92 万亿元和 3.02 万亿元，而后一增加额所对应的时间区间仅有 8 个月的间隔。债务规模增速加快，意味着政府资本性支出在不断增长，如果该支出能够创造出足够多的收入来还本付息，财政资源就得到了良好的配置；相反，则意味着投资回报率过低，可能会导致债务危机。

其次，债务结构优化明显。从地方政府显性债务的结构来看，专项债务的占比在增加，三个时间节点依次为 37.28%、40.18% 和 44.14%。根据财政部《地方政府专项债务预算管理办法》的规定，专项债务本金通过对应的政府性基金收入、专项收入、发行专项债券等偿还。专项债务利息通过对应的政府性基金收入、专项收入偿还，不得通过发行专项债券偿还。专项债务收支应当按照对应的政府性基金收入、专项收入实现项目收支平衡，不同政府性基金科目之间不得调剂。执行中专项债务对应的政府性基金收入不足以偿还本金和利息的，可以从相应的公益性项目单位调入专项收入弥补。相比一般政府债务而言，专项债务的用途更加明确具体，偿债资金来源更加稳定。

再次，债务年限日益增长。地方政府债券剩余平均年限由 2018 年 12 月末的 4.4 年，增加至 2019 年 8 月末的 5.0 年，而根据财政部网站的统计数据，2019 年 8 月，地方政府债券平均发行期限为 11.1 年，其中，新增债券为 8.1 年，置换债券和再融资债券为 15.6 年。债务年限的增长固然可以缓解短时间内的偿债压力，但年限增长也意味着偿债成本的增加。

最后，债务利率有所提高。地方政府债券平均利率由 2018 年 12 月末的 3.51%，增加至 2019 年 8 月末的 3.53%，若与同期的存款利率相比，债务利率的提高则说明政府债务融资的难度在增加。

目前的政府债务信息透明化程度已经大大提高，财政部每月都定期公布地方政府债券发行和债务余额情况，但基于政府债务存在显性和隐性的分类，仅有关于显性债务规模的统计是远远不够的。而要全面统计政府债务规模还存在诸多困难和问题。一方面多口径统计数据并存。地方政府债务形式多样，透明度差，债务风险高，已经成为防范化解系统性金融风险的"灰犀牛"。这一系列问题和结果产生的原因就在于地方政府债务多种统计口径并存，导致无法得到客观准确的数据，从政府债务名称演变的过程中就可以预测这一问题的发生。就隐性债务来说目前主要使用的有城投债口径，融资平台口径两大类，但也有学者使用更加宽口径的隐性债务，如吴盼文等（2013）使用各个部门的公开资料，对我国宽口径的隐性债务规模进行了估算，结果表明，截至 2012 年 6 月末，中国政府性债务规模约为 82.7 万亿元，隐性债务（作者计算的隐性债务口径包括了政策性金融债、政府支持机构债、养老金缺口、国有企业债务、金融机构不良贷款、事业单位债务、地方政府隐性债务，规模较大）约占 89.8%，地方政府债务约为 10.77 万亿元（隐性债务部分为 10.24 万亿元）。国企债务是中国政府性债务的主要组成部分，未来养老金缺口、政府支持的机构的债务（如原铁道部债务、国开行等政策性金融机构债务）将是中国政府隐性债务的主要问题。另一方面，新形式隐性债务出现。2019 年 4 月财政部办公厅下达《财政部办公厅关于梳理 PPP 项目增加地方政府隐性债务情况的通知》，要求梳理入库 PPP 项目纳入政府性债务监测平台的情况，逐一列明项目增加地方政府隐性债务的具体认定依据。增加地方政府隐性债务的项目，应当中止实施或转为其他合法合规方式继续实施。如果继续实施的，应按照地方政府隐性债务管理有关规定妥善整改并做好地方政府隐性债务化解工作。另外，对增加地方政府隐性债务的项目，省级财政部门应主动从项目库中清退，并核查项目咨询机构和专家是否存在违法违规行为。这一通知表明 PPP 项目已出现转化为政府隐性债务的苗头，且具体哪些项目会转变为隐性债务难以甄别，这也给政府债务的统计工作造成极大困难。

4.1.2　产出变量的衡量指标

在甄选产出变量指标时，所遵循的原则是删繁就简，既要全面评价地方政府债务产出，也必须考虑数据的可获得性。因此，初始选择以政府投资为主导的公共事业领域的 5 项二级指标作为评价对象，在三级指标的选取中采取了咨询专家意见的方法，最终确定 17 项三级指标作为对 5 项二级指标的具体测量依据。

产出变量的具体甄选过程如下。

（1）根据审计署公布的文件，确定水电气的供应、交通运输与邮政、环境和公共设施、教育和文化、医疗卫生这 5 项指标作为地方政府债务产出的二级指标，其中，前三个指标是为了满足辖区居民的生活需要，后两个指标是为了满足辖区居民的发展需要。这些指标均为政府投资占主导的公用事业，是各地方政府提供的重要公共产品，地方政府的债务支出主要集中在这些领域。

（2）确定好 5 项二级指标后，还应明确每项二级指标的具体测量内容，其中，水电气的供应包括：供水管道长度、排水管道长度、供气管道长度、电力消费量4项三级指标；交通运输与邮政包括：公共交通车辆、城市道路面积、城市道路照明灯、铁路营业里程、公路里程、邮政营业网点6项三级指标；环境和公共设施包括：城市绿地面积、公共厕所、市容环卫专用车辆设备；教育和文化产出的测度内容则选取具有代表性意义的普通高等学校数；医疗卫生产出的测度内容为医疗卫生机构数。

（3）将确定的二级和三级指标提供给专家，征询专家意见，专家意见认为教育和文化产出以及医疗卫生产出测算内容不够全面，应增加更多考量内容。

（4）在综合考虑多名专家意见的基础上，将教育产出测度内容为由过去的1项三级指标变为2项，包括各级学校数和公共图书馆数。其中各级学校数为合成类指标，各级学校中主要有：①普通高等学校数；②中等职业学校数；③普通高中学校数；④普通初中学校数；⑤普通小学学校数；⑥特殊教育学校数。将医疗卫生产出的测度内容增加为医疗卫生机构数和医疗卫生机构床位数2项三级指标。最终确定的产出测度指标内容，如表4-4所示。

表4-4　　　　　　　　　地方政府债务产出测度指标

一级指标	二级指标	三级指标
生活需要	水电气的供应	供水管道长度（千米）；排水管道长度（千米）；供气管道长度（千米）；电力消费量（亿千瓦时）
	交通运输与邮政	公共交通车辆（万台）；城市道路面积（公顷）；城市道路照明灯（千盏）；铁路营业里程（千米）；公路里程（千米）；邮政营业网点（处）
	环境和公共设施	城市绿地面积（公顷）；公共厕所（万座）；市容环卫专用车辆设备（台）
发展需要	教育和文化	各级学校数（所）；公共图书馆数（个）
	医疗卫生	医疗卫生机构数（个）；医疗卫生机构床位数（张）

依据产出指标满足公共需要的层次不同，将债务产出区分为满足生活需要和满足发展需要两大类。生活需要类包括水电气的供应等 3 项二级指标与 13 项三级指标；发展需要类包括教育和文化等 2 项二级指标与 4 项三级指标。采用熵权法确定各评价指标权重，并计算各指标加权综合得分，该得分即为政府债务产出分值。

采用熵权法计算债务产出的具体步骤如下。

（1）原始数据的收集与整理。根据甄选后的债务产出指标，将 17 项三级指标的数据进行收集并汇总整理。在综合考虑数据的完整性与可获得性的基础上，以中国 31 个省级行政区域为研究样本（不含港、澳、台地区），时间跨度为 2007 ~ 2018 年，因为投入数据为年度增量数据，而产出指标为积累性存量指标，因此为了投入与产出之间的对应，需要计算产出增量，所以其数据年份比投入变量多一年，以使两者之间时间跨度保持一致。所需数据均来自各年《中国统计年鉴》以及国家统计局官方网站的公开数据。

（2）数据的标准化处理。在统计指标数据中，存在不同单位的指标变量对比问题，采用极差法对指标的原始数据进行标准化处理。设第 ij 个指标的原始值 x_{ij} 对应的高值水平为 m_{max}，低值水平为 m_{min}，则极差法处理后，指标 R_{ij} 将变成映射在 [0，1] 区间中无量纲的值。根据不同指标的性质，有的指标是数值越大结果越好，如普通高等学校数；而有的指标是数值越小结果越好，如污染物指标等。因此需要对不同正负指标采取不同的归一化公式。由于在该项研究中，所要测度的产出指标均为正向指标，因此采用统一的标准化公式即：

$$R_{ij} = \frac{x_{ij} - m_{min}}{m_{max} - m_{min}}, \quad i = 1, 2, \cdots, n; \ j = 1, 2, \cdots, m \quad (4.2)$$

（3）指标权重的确定。对多指标进行权重确定有很多方法，如模糊层次法、专家意见法以及统计算法等。本章采用的方法是熵权法，因为该方法更为客观。该方法的操作步骤是将所有标准化处理后的数据再进行归一化处理，计算信息熵，然后根据信息熵来确定熵权，具体使用的公式如下。

归一化处理的公式为：

$$P_{ij} = \frac{R_{ij}}{\sum\limits_{i=1}^{n} R_{ij}}, \ i = 1, \ 2, \ \cdots, \ n \tag{4.3}$$

计算信息熵的公式为：

$$E_i = -k \sum\limits_{i=1}^{n} p_{ij} \times \ln p_{ij} \left(k = \frac{1}{\ln n} \right) \tag{4.4}$$

确定熵权的公式为：

$$w_j = \frac{1 - E_i}{\sum\limits_{j=1}^{m} (1 - E_i)} \tag{4.5}$$

式（4.3）中，P_{ij}代表的是进行归一化处理后的指标数据，各样本点归一化处理后的指标数据加总值为1；式（4.4）中的E_i代表的是信息熵，能够反映数据信息的波动性；式（4.5）中的w_j代表的是熵权，即最终确定的指标权重，历年债务产出指标权重如表4-5和表4-6所示。

表4-5　　　　　　　　政府债务产出各二级指标权重

年份	水电气的供应	交通运输与邮政	环境和公共设施	教育和文化	医疗卫生	生活需要	发展需要
2007	0.2813	0.3091	0.2044	0.0816	0.1237	0.7948	0.2052
2008	0.2788	0.3107	0.2019	0.08261	0.1260	0.7914	0.2086
2009	0.2907	0.3157	0.20147	0.08720	0.1051	0.8077	0.1923
2010	0.2831	0.3269	0.1930	0.0902	0.1068	0.8030	0.1970
2011	0.2825	0.3263	0.1839	0.09189	0.1156	0.7926	0.2074
2012	0.2734	0.3318	0.1758	0.1030	0.1159	0.7810	0.2190
2013	0.2799	0.3152	0.1822	0.1039	0.1188	0.7773	0.2227
2014	0.2861	0.3154	0.1815	0.1038	0.1133	0.7829	0.2171

续表

年份	水电气的供应	交通运输与邮政	环境和公共设施	教育和文化	医疗卫生	生活需要	发展需要
2015	0.2818	0.3247	0.1791	0.1036	0.1108	0.7856	0.2144
2016	0.2818	0.3212	0.1751	0.1092	0.1127	0.7781	0.2219
2017	0.2812	0.3219	0.1719	0.1105	0.1145	0.7750	0.2250
2018	0.2821	0.3230	0.1703	0.1105	0.1161	0.7734	0.2266

表 1-6　　　　　政府债务产山各三级指标权重

项目	2007 年	2008 年	2009 年	2010 年	2011 年	2012 年
供水管道长度	0.0822	0.0832	0.0883	0.0862	0.0859	0.0811
城市排水管道长度	0.0733	0.0724	0.0774	0.0740	0.0759	0.0732
天然气管道长度	0.0746	0.0732	0.0741	0.0723	0.0716	0.0707
电力消费量	0.0512	0.0499	0.0508	0.0505	0.0491	0.0483
公共交通车辆	0.0473	0.0488	0.0486	0.0538	0.0522	0.0516
城市道路面积	0.0704	0.0682	0.0713	0.0694	0.0697	0.0688
城市道路照明灯	0.0579	0.0579	0.0592	0.0601	0.0647	0.0629
铁路营业里程	0.0461	0.0450	0.0463	0.0480	0.0494	0.0508
公路里程	0.0408	0.0408	0.0415	0.0423	0.0425	0.0425
邮政营业网点	0.0466	0.0501	0.0487	0.0533	0.0477	0.0552
城市绿地面积	0.0885	0.0905	0.0901	0.0870	0.0837	0.0798
公厕	0.0525	0.0512	0.0552	0.0535	0.0513	0.0476
市容环卫专用车辆设备总数	0.0634	0.0602	0.0562	0.0525	0.0488	0.0484
各类学校总数	0.0526	0.0533	0.0567	0.0591	0.0607	0.0624
公共图书馆个数	0.0290	0.0293	0.0305	0.0311	0.0311	0.0407
医疗卫生机构数	0.0832	0.0847	0.0618	0.0623	0.0698	0.0685
医疗卫生机构床位数	0.0404	0.0413	0.0433	0.0446	0.0458	0.0474

续表

项目	2013 年	2014 年	2015 年	2016 年	2017 年	2018 年
供水管道长度	0.0833	0.0832	0.0806	0.0798	0.0813	0.0837
城市排水管道长度	0.0707	0.0727	0.0769	0.0775	0.0729	0.0740
天然气管道长度	0.0792	0.0835	0.0761	0.0738	0.0764	0.0742
电力消费量	0.0468	0.0467	0.0482	0.0507	0.0506	0.0501
公共交通车辆	0.0484	0.0488	0.0498	0.0510	0.0526	0.0526
城市道路面积	0.0657	0.0645	0.0674	0.0672	0.0618	0.0612
城市道路照明灯	0.0596	0.0638	0.0667	0.0657	0.0625	0.0613
铁路营业里程	0.0487	0.0445	0.0438	0.0430	0.0433	0.0431
公路里程	0.0412	0.0410	0.0397	0.0404	0.0405	0.0398
邮政营业网点	0.0515	0.0528	0.0573	0.0539	0.0612	0.0630
城市绿地面积	0.0823	0.0810	0.0778	0.0791	0.0730	0.0747
公厕	0.0498	0.0500	0.0506	0.0484	0.0526	0.0533
市容环卫专用车辆设备总数	0.0501	0.0504	0.0507	0.0475	0.0462	0.0423
各类学校总数	0.0623	0.0633	0.0627	0.0647	0.0653	0.0651
公共图书馆个数	0.0415	0.0404	0.0408	0.0445	0.0452	0.0454
医疗卫生机构数	0.0723	0.0667	0.0648	0.0653	0.0663	0.0675
医疗卫生机构床位数	0.0465	0.0467	0.0460	0.0474	0.0482	0.0486

4.1.3　债务产出的测度结果

根据表4-5所列明的债务产出指标权重，可以计算出各地方政府每年的债务产出得分，但由于投入变量所选取的数据为年度债务增量，所以计算出的债务产出得分也需要计算相应的年度增量，本章后面的文字表述及实证分析中所用的债务产出均为年度债务产出增量。各年度政府债务产出得分如表4-7所示。

表4-7 各年度政府债务产出得分

省份	2008年	2009年	2010年	2011年	2012年	2013年	2014年	2015年	2016年	2017年	2018年
北京	1164.50	2217.57	382.48	1187.98	662.38	1620.71	68.89	1090.39	861.10	239.92	10.00
天津	510.67	671.24	490.26	870.13	695.37	731.49	634.48	777.76	997.02	1085.52	324.59
河北	747.95	4847.03	1577.06	1115.52	251.56	1318.24	45.72	929.99	1753.37	897.34	1625.05
山西	1502.96	3234.17	1448.00	928.44	1028.63	741.78	498.46	539.51	1342.04	2058.68	321.65
内蒙古	1009.65	2114.04	1819.17	1240.05	1402.17	1131.54	1332.04	664.36	1999.08	896.71	920.92
辽宁	1060.00	2681.09	1645.92	1840.91	2652.67	1414.57	1237.60	666.57	1178.49	1447.72	1525.30
吉林	861.22	2638.09	1070.45	659.92	557.72	486.34	1150.55	406.90	683.63	480.09	2729.00
黑龙江	10.00	2436.59	1579.73	932.32	959.90	690.57	721.24	50.10	1145.52	671.44	740.04
上海	715.66	8412.28	483.27	914.09	176.67	1041.77	551.49	10.00	1093.61	1171.95	10.00
江苏	3890.66	5695.95	3611.57	3565.43	3245.71	4799.31	3776.58	1725.26	4609.07	2415.96	4380.74
浙江	2057.34	2847.29	2430.87	3676.19	2716.14	2671.10	2178.69	2134.22	3812.00	3697.68	3058.35
安徽	1150.69	1829.83	1227.68	2467.90	2470.94	2073.68	1838.41	1533.84	2842.51	2411.89	2574.73
福建	1786.74	1279.71	1551.85	1329.72	1466.36	1298.10	2284.79	811.20	1574.12	1271.85	2050.02
江西	1063.37	3238.04	1449.52	2266.96	1912.59	868.17	1007.73	883.50	1964.05	2664.57	1975.36
山东	4161.56	7117.84	3525.09	5006.74	5021.41	4127.40	2578.18	1917.40	4943.52	4314.87	3317.42
河南	2561.01	7300.47	2316.56	2862.97	2923.53	2306.45	1934.29	1513.29	4552.49	3570.94	4121.24

续表

省份	2008年	2009年	2010年	2011年	2012年	2013年	2014年	2015年	2016年	2017年	2018年
湖北	2111.21	3657.68	1999.19	2874.66	2690.67	2683.19	2847.79	2200.94	3164.87	1884.65	2300.94
湖南	1777.98	4555.29	3985.91	2424.38	1693.24	1935.49	2430.71	1984.95	3067.15	2737.25	3973.84
广东	12574.00	7773.20	2831.10	2336.91	10.00	4247.08	3777.31	2695.32	5174.33	1343.50	6927.56
广西	1424.84	2938.28	933.13	1647.15	1257.64	1351.63	1072.32	1492.28	1610.10	1299.22	1735.37
海南	262.82	389.45	199.92	361.30	158.79	10.00	263.81	261.13	515.74	435.12	735.90
重庆	1161.12	1502.11	1559.17	1730.20	1356.68	1481.47	1829.57	1810.00	2079.08	1489.32	1706.63
四川	3754.66	3208.50	3049.56	4353.66	4470.50	3413.81	1671.55	1983.13	5660.55	4405.48	3696.72
贵州	436.49	2830.54	1188.06	1471.79	1706.66	2028.68	1145.27	1055.93	2018.90	2448.89	1549.50
云南	1124.19	1888.96	1907.63	1896.61	1908.68	932.59	1741.35	748.82	2715.64	1772.67	1901.00
西藏	10.00	375.94	387.59	334.06	160.82	302.78	365.46	376.15	336.02	356.24	410.93
陕西	985.42	2963.01	1271.99	1739.69	1659.81	1335.61	1070.95	2161.24	1866.68	2194.24	1295.37
甘肃	679.89	1939.33	913.79	1040.59	1133.16	513.26	699.94	194.12	1165.50	973.31	1105.83
青海	260.27	570.47	275.73	334.54	243.20	392.28	318.23	123.59	326.93	451.84	169.44
宁夏	475.50	146.75	481.94	496.19	258.22	556.88	408.92	174.10	391.03	362.72	57.91
新疆	594.19	1585.65	1161.48	1658.41	1547.65	1089.46	1050.12	577.04	1375.04	849.71	1291.90

对比 2008 年、2018 年各地方政府债务产出情况可以发现，中部地区的湖南、吉林、安徽和西部地区的贵州四个省份的债务产出增量提升迅速，如果从债务产出得分的具体排名来看，湖南省由 2008 年的第 9 名上升为第 4 名；吉林省由 2008 年的第 20 名上升到第 8 名；安徽由第 14 名上升到第 9 名；贵州由第 27 名上升到第 17 名。

4.2　地方政府债务过程绩效测度

在明确了地方政府债务绩效的投入和产出变量后，即可根据表 4-1 所确定的地方政府债务绩效评价指标体系对债务过程绩效的经济性和效率性展开测度。尽管经济性和效率性都用来反映地方政府在债务投资过程中与市场互动的过程性绩效，但经济性更侧重于投入与产出之间的数量关系，而效率性更侧重于债务投资的技术效率水平，既有反映数量关系的规模效率指标，也有反映技术水平的纯技术效率指标。

4.2.1　地方政府债务过程绩效的经济性测度

经济性着重强调投入产出之比，在投入固定的情况下产出越多越好，在产出固定的情况下投入越少越好。对地方政府债务绩效经济性的测度是考察一定数量的产出下是否使用了最小化的投入，从另一个角度来说，是单位投入是否对应了最大的产出。

2008~2018 年地方政府债务绩效的经济性年度均值如表 4-8 所示。

表 4-8　　　　　地方政府债务绩效的经济性年度均值

年份	债务产出	债务投入	单位投入产出
2008	1673.7598	902.4812	1.7005
2009	3018.916	1250.2054	2.8505

续表

年份	债务产出	债务投入	单位投入产出
2010	1572. 7628	1426. 5225	1.4164
2011	1792. 5618	1240. 7123	1.9329
2012	1561. 2729	1552. 2345	1.0835
2013	1599. 8536	1902. 4335	1.3541
2014	1372. 0133	2468. 8946	0.7118
2015	1080. 9696	3037. 9167	0.5667
2016	2155. 4569	3715. 5497	0.9284
2017	1687. 1385	4215. 6666	0.7282
2018	1888. 4925	4186. 0913	0.6141
平均值	1763. 9271	2354. 428	1.2625

从表4-8的数据可以看出，地方政府债务绩效的经济性指标总体呈现出"M"型波动，即先增加后递减再增加又递减的状态，特别是2016~2018年，单位债务产出呈现出明显的递减趋势。

2008~2018年地方政府债务绩效的经济性指标数值如表4-9所示。

表4-9　　　　　　　地方政府债务绩效的经济性指标值

省份	2008年	2009年	2010年	2011年	2012年	2013年	2014年	2015年	2016年	2017年	2018年
北京	3. 69	4. 67	2. 68	3. 93	1. 01	14. 43	0. 43	6. 83	3. 97	2. 37	0. 03
天津	0. 59	0. 57	0. 39	0. 74	0. 42	0. 41	0. 34	0. 32	0. 44	0. 53	0. 30
河北	0. 59	2. 33	0. 61	0. 53	0. 10	0. 40	0. 01	0. 21	0. 32	0. 15	0. 24
山西	2. 02	2. 74	1. 04	0. 70	0. 63	0. 36	0. 20	0. 18	0. 42	2. 02	0. 30
内蒙古	0. 77	1. 11	0. 75	0. 60	0. 63	0. 41	0. 32	0. 18	0. 43	0. 23	0. 47
辽宁	0. 82	1. 54	0. 71	0. 86	1. 04	0. 43	0. 32	0. 23	1. 96	1. 99	4. 08
吉林	1. 04	1. 78	0. 96	1. 14	0. 57	0. 42	0. 82	0. 24	0. 33	0. 24	1. 28

续表

省份	2008年	2009年	2010年	2011年	2012年	2013年	2014年	2015年	2016年	2017年	2018年
黑龙江	0.01	2.93	1.73	2.96	1.10	0.67	0.54	0.06	0.58	0.36	0.63
上海	0.72	7.88	1.01	2.69	0.58	3.85	3.84	0.02	7.42	5.48	0.01
江苏	3.19	2.69	1.63	1.75	1.35	1.59	0.80	0.28	0.71	0.35	0.70
浙江	1.83	3.22	3.72	3.07	1.27	1.21	0.70	0.46	0.64	0.67	0.61
安徽	1.17	1.61	0.94	3.90	1.76	1.22	0.77	0.50	0.70	0.61	0.59
福建	1.76	1.06	1.49	0.85	0.64	0.51	0.67	0.18	0.27	0.19	0.29
江西	1.62	3.35	1.17	2.72	1.97	0.80	0.60	0.38	0.65	0.78	0.52
山东	1.95	2.55	1.18	1.75	1.47	0.94	0.49	0.29	0.59	0.42	0.35
河南	2.54	5.78	1.55	1.72	1.50	0.97	0.62	0.33	0.76	0.45	0.43
湖北	1.67	2.01	0.90	1.46	1.17	1.02	0.88	0.51	0.52	0.26	0.29
湖南	1.63	2.51	1.98	1.22	0.71	0.63	0.59	0.37	0.45	0.34	0.52
广东	6.09	2.54	0.76	0.91	0.00	1.44	1.15	0.97	1.32	0.25	1.17
广西	2.13	2.85	0.63	1.23	0.76	0.60	0.39	0.44	0.39	0.28	0.34
海南	1.59	1.65	0.83	2.49	0.92	0.03	0.64	0.63	0.79	0.59	1.38
重庆	1.44	1.53	1.24	1.90	1.45	1.06	1.16	0.73	0.58	0.36	0.35
四川	2.41	1.10	0.93	1.49	1.22	0.84	0.32	0.33	0.76	0.49	0.37
贵州	0.97	5.31	1.73	2.07	1.47	1.15	0.46	0.34	0.50	0.46	0.26
云南	1.08	1.47	1.09	1.65	1.38	0.64	0.87	0.25	0.62	0.27	0.26
西藏	0.22	9.91	5.31	5.45	2.24	1.33	1.70	1.15	0.65	0.49	0.88
陕西	0.75	1.70	0.63	0.96	0.93	0.53	0.33	0.51	0.31	0.29	0.16
甘肃	1.76	3.24	1.10	1.36	1.32	0.46	0.39	0.11	0.49	0.72	1.42
青海	1.86	3.42	1.78	2.87	0.96	1.16	0.54	0.18	0.34	0.38	0.13
宁夏	3.24	0.66	1.66	2.25	1.32	1.74	0.68	0.20	0.39	0.41	0.08
新疆	1.53	2.68	1.78	2.73	1.72	0.75	0.47	0.19	0.50	0.18	0.60

表4-9的数据显示，尽管不同地方政府之间债务绩效的经济性指标差异较大，但总体均呈现出下降趋势。

将单位投入产出与债务增量放在一起进行对比分析，可以发现两者之间的变动趋势几乎完全相反，具体如图4-2所示。

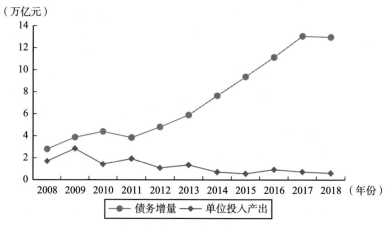

（万亿元）

图4-2　2008～2018年债务增量与单位投入产出对比

从图4-2中可以看出，2008～2018年，债务增量基本呈现逐年上升趋势，而在此期间单位投入产出则基本呈现逐年下降趋势。除2008～2009年、2012～2013年和2015～2016年三个时期的债务增量与单位投入产出呈同向变化外，其余时间均为反向变化，债务的增加使债务绩效的经济性变差，债务减少使债务绩效的经济性变好。

将经济性测度结果按照三大地区进行分类比较①，具体计算结果如图4-3所示。

---

① 根据国家统计局地区分类，三大地区分别为东部、中部、西部地区。其中，东部地区包括北京、天津、河北、辽宁、上海、江苏、浙江、福建、山东、广东和海南11个省级行政区域；中部地区包括山西、吉林、黑龙江、安徽、江西、河南、湖北和湖南8个省级行政区域；西部地区包括内蒙古、广西、重庆、四川、贵州、云南、西藏、陕西、甘肃、青海、宁夏和新疆12个省级行政区域。

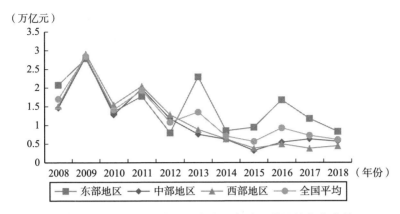

图4-3　2008~2018年全国及东中西部地区单位债务产出情况

图4-3显示，2013年前，三大地区的单位债务产出差距不大，但2013年后地区差距逐年增大。东部地区的单位债务产出一直处于领先地位，中部地区的单位债务产出自2011年起呈现明显下降趋势，尽管2015年后又略有回升，但仍然处于较低水平，西部地区的单位债务产出与中部地区的变动趋势较为接近，2011~2015年均呈现下降态势，2015~2018年呈现波动变化，2018年西部地区的平均单位债务产出仅有0.444，在三大地区中处于最低水平。总体而言，东部地区的地方政府债务绩效经济性表现较好，高于全国平均水平，而中部和西部地区的绩效经济性低于全国平均水平。

4.2.2　地方政府债务过程绩效的效率性测度

债务绩效的效率性是对地方政府债务资源配置效率的衡量，效率值的高低可以反映地方政府债务资金的使用效果以及整体投资运营状况。研究对效率性测度是通过 DEAP 2.1 软件进行数据包络分析（data envelopment analysis，DEA）得到，是由查恩斯（Charnes）等在其论文《决策单元的有效性度量》（*Measuring the Efficiency of Decision Making Units*）中提出来的，通过观察各决策单元（以下简称

"DMU")的输入和输出数据，以判断 DMU 是否为 DEA 有效，是否位于生产可能集的"前沿面"上。在本书的分析中，将每个地方政府看作决策单元，使用 DEA 对其债务投资决策进行效率评价。查恩斯（Charnes）等在 1978 年提出 DEA 分析模型是规模报酬不变（CRS）的模型，因为是由查恩斯（Charnes）、库伯（Cooper）和罗德（Rhodes）提出的，因此也被称为 CCR 模型，而规模报酬不变的假设意味着地方政府可以通过增加投入等比例地扩大债务产出规模，债务投资规模并不影响其效率，这一假设在现实情况下很难满足，经济环境和政策限制等都会导致地方政府难以将债务投资规模控制在理想范围，为解决这一问题，班克（Banker）、查恩斯（Charnes）和库伯（Cooper）于 1984 年提出了规模报酬可变（VRS）模型，也被称为 BCC 模型。规模报酬可变模型计算技术效率时可以剔除规模效率的影响，得到的效率就是纯技术效率。

1. 地方政府债务绩效效率性的静态分析

采用投入导向的可变规模报酬（VRS）模型，逐年计算出各地方政府的综合效率、纯技术效率和规模效率。

地方政府债务绩效效率性的平均值如表 4－10 所示。

表 4－10　　　　　　　地方政府债务绩效效率性的平均值

年份	综合技术效率	纯技术效率	规模效率
2008	0.279	0.380	0.752
2009	0.288	0.348	0.816
2010	0.267	0.388	0.711
2011	0.355	0.498	0.730
2012	0.484	0.576	0.836
2013	0.094	0.282	0.447
2014	0.185	0.438	0.445
2015	0.083	0.258	0.383
2016	0.125	0.337	0.393
2017	0.133	0.362	0.520
2018	0.151	0.374	0.476
平均值	0.222	0.386	0.592

　　表 4 - 10 显示，从综合技术效率的视角来看，我国地方政府债务绩效的效率值不高，2008 ~ 2018 年 11 年的平均综合技术效率值仅为 0. 222，其数值的趋势变化为振荡时间序列。综合技术效率不高的主要原因在于纯技术效率值较低，纯技术效率反映的是决策单元在最优规模时投入要素的生产效率，说明地方政府的债务管理水平和治理能力还有待提高。从纯技术效率的视角来看，总体未达到生产效率最优，平均纯技术效率值为 0. 386，2012 年为纯技术效率的最高值，也仅有 0. 576，2015 年《预算法（2014 年修订）》实施后，由于将地方政府债务资金纳入预算管理中，纯技术效率开始逐年提升，2015 ~ 2018 年纯技术效率一直处于稳步提升状态，但增幅不大。从规模效率的视角来看，平均规模效率值为 0. 592，高于纯技术效率，但距离最优规模仍有一定差距。

　　分地区来看，综合技术效率的变动具有明显的区域差异，具体如图 4 - 4 所示。

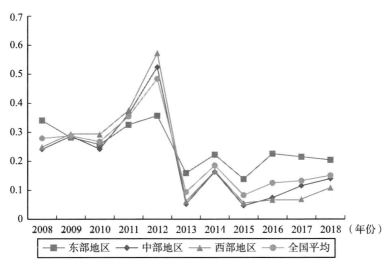

图 4 - 4　2008 ~ 2018 年全国及东中西部地区综合技术效率

　　图 4 - 4 显示，综合技术效率呈现出较大的波动性，2015 年之前三大地区的波动趋势较为接近，但 2015 年之后，三大地区的综合技

术效率呈现出不同的变动趋势。总体而言，东部地区的综合技术效率值最高，高于全国平均水平，西部地区次之，中部地区综合技术效率值最低。

从时间上来看，规模报酬的变动呈现阶段性特征。图4-5显示了2008~2018年债务投资生产函数规模报酬递增、递减和不变的地方政府决策单元的个数。地方政府债务投资的规模报酬递增占多数的年份分别是2008年、2009年、2012年以及2016~2018年，共6个年度；规模报酬递减占多数的年份是2010年、2011年以及2013~2015年，共5个年度；规模报酬不变的地方政府数量一直是少数。如果不考虑2012年，可以发现债务投资生产函数规模报酬的总体状况是先递增后递减然后又递增的"N"型曲线变化，两个转折点分别出现在2009年和2016年，2009年为应对国际金融危机的影响，采取了较为宽松的财政政策，地方政府债务投资较多，规模报酬出现递减状况，而在2016年，由于地方政府严控债务增量，采取了一系列严格管控地方债务的措施，规模报酬开始递增。

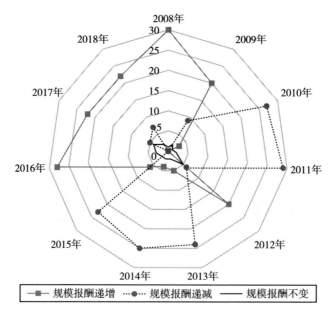

图4-5　地方政府债务投资规模报酬变动情况

2. 地方政府债务绩效效率性的动态分析

对地方政府债务绩效效率性的动态分析所采用的方法是曼奎斯特指数（malmquist index）分析法，以考察债务投资的全要素生产率（total factor productivity）变动状况。瑞典经济学家曼奎斯特（Malmquist）在分析不同时期消费变化时提出了曼奎斯特指数，凯夫等（Cave et al.，1982）将该指数用来进行生产分析，法勒等（Fare et al.，1994）在此基础上构造了用于分析两个相邻时期生产率变化的曼奎斯特指数。其表述形式为：

$$M(y_{t+1}, x_{t+1}, y_t, x_t) = \sqrt{\frac{D^t(x_{t+1}, y_{t+1}) \times D^{t+1}(x_{t+1}, y_{t+1})}{D^t(x_t, y_t) \times D^{t+1}(x_t, y_t)}}$$

$$(4.6)$$

其中，$M(y_{t+1}, x_{t+1}, y_t, x_t)$ 表示的是 Malmquist 指数；y_{t+1}，x_{t+1}，y_t，x_t 分别代表的是第 $t+1$ 期的产出数据、第 $t+1$ 期的投入数据、第 t 期的产出数据和第 t 期的投入数据。

根号里的分子中的 $D^t(x_{t+1}, y_{t+1})$ 和 $D^{t+1}(x_{t+1}, y_{t+1})$ 分别代表以第 t 期的技术表示的 $t+1$ 期的效率水平和以 $t+1$ 期的技术表示的第 $t+1$ 期的效率水平；分母中的 $D^t(x_t, y_t)$ 和 $D^{t+1}(x_t, y_t)$ 分别表示以第 t 期的技术表示的第 t 期的效率水平和以 $t+1$ 期的技术表示的第 t 期的效率水平。

若 $M(y_{t+1}, x_{t+1}, y_t, x_t) > 1$，则表示由 t 期到 $t+1$ 期生产效率呈增长趋势；

若 $M(y_{t+1}, x_{t+1}, y_t, x_t) < 1$，则表示由 t 期到 $t+1$ 期生产效率呈下降趋势；

若 $M(y_{t+1}, x_{t+1}, y_t, x_t) = 1$，则表示由 t 期到 $t+1$ 期生产效率维持不变。

Malmquist 全要素生产率指数是效率变动值（efficiency change，EC）与技术变动值（technological change，TC）的乘积。利用 DEAP 2.1 软件的 Malmquist – DEA 模块，对 31 个省级行政区域 11 年间的

数据进行分析，2008～2018 年曼奎斯特生产率指数及其分解的年度均值如表 4-11 所示。

表 4-11　　　　　　2008～2018 年曼奎斯特指数汇总

时间段	效率改进指数	技术进步指数	纯技术效率	规模效率	全要素生产率指数
2008～2009 年	8.230	0.068	5.891	1.397	0.560
2009～2010 年	4.701	0.734	2.406	1.954	3.451
2010～2011 年	1.659	0.599	1.440	1.152	0.994
2011～2012 年	0.042	33.42	0.045	0.944	1.420
2012～2013 年	0.863	1.000	0.854	1.011	0.863
2013～2014 年	4.810	0.219	5.333	0.902	1.053
2014～2015 年	0.246	4.574	0.295	0.834	1.125
2015～2016 年	21.05	0.031	14.03	1.5	0.652
2016～2017 年	0.895	1.363	0.930	0.962	1.219
2017～2018 年	0.034	24.00	0.054	0.632	0.819
平均值	0.987	1.000	0.987	1.302	0.987

从表 4-11 中可以看出，总体来说，11 年间的全要素生产率是下降的，其平均值为 0.987，全要素生产率增加的年份有 5 年，下降的年份占到 50%。全要素生产率指数最高值 3.451 出现在 2009～2010 年，而最低值 0.560 出现在 2008～2009 年；2008～2018 年，全要素生产率的变异系数为 0.659，如果同时考虑效率改进指数与技术进步指数可以发现，两者的变异系数分别为 1.577 和 1.879，波动程度都比较高，效率改进指数的平均值为 0.987，技术进步指数的平均值为 1.000。总体来说，11 年来技术进步指数没有增长，全要素生产率的下降主要原因是效率改进指数的下降。进一步对效率改进指数进行分析，根据 effch = pech × sech 这一公式，效率改进指数的变动包括纯技术效率变动和规模效率变动两部分。三种效率指数的变动状况如图 4-6 所示。

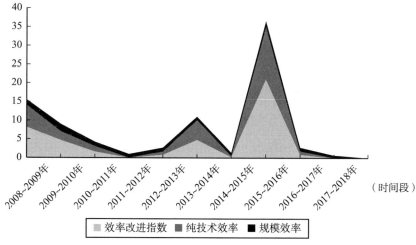

图 4 - 6　2008～2018 年效率改进指数及其分解情况

图 4 - 6 显示，三种效率指数的变动趋势基本保持一致，波动性较强。2015～2016 年的效率改进指数值最高，其中非常重要的一个原因是 2015 年《预算法（2014 年修订）》实施后，各个地方政府都非常重视债务管理工作，出台了一系列促进债务资金使用效率提高的政策和规定，政策效果显著。

4.2.3　地方政府债务过程绩效评价值

通过加总地方政府债务绩效经济性和效率性评价值，可以得到地方政府债务过程绩效评价值。其年度平均分值如图 4 - 7 所示。图 4 - 7 显示地方政府债务过程绩效平均分值表现出较强的波动性。总体而言，过程绩效提高的年份较少，而降低的年份居多。在 2008～2018 年的 11 年间，仅有 2019 年、2011 年和 2016 年三个年份的过程绩效平均分值是环比增长的，其余年份都是处于环比下降状况。这说明地方政府在参与市场活动的过程中，还存在许多与市场机制不协调的环节。党的十八届三中全会提出，市场在资源配置中起决定性作用，地方政府参与市政基础设施投资活动也必须尊重市场经济规律，市场决定资源配置就是市场经济的一般规律。市场资源配置作用的发挥主要通过价格机制、竞争机制和供求机制来进行，但在市政基础设施建设领域，这三项机制的发挥似乎都会受到阻碍。

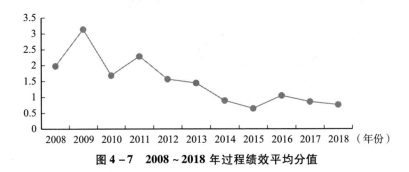

图 4－7　2008～2018 年过程绩效平均分值

价格是市场发挥作用的"核心机制"，改革开放就是从改革物价开始的。水、电、天然气、交通等领域也可以尝试价格改革。竞争可以淘汰落后产能，使稀缺资源向高效率生产者集中，达到转型升级的目的。地方政府应允许各类主体平等进入市场，让生产要素自由流动。供求平衡是市场配置资源的最佳状态，但由于在地方政府投资的市政基础设施领域，其产品和服务多为公共产品和准公共产品，地方政府难以得到准确的需求信息，就会导致供大于求或供不应求的状况，这都会导致配置效率的损失。分区域考察地方政府债务过程绩效分值，东中西部地区过程绩效平均分值如图 4－8 所示。

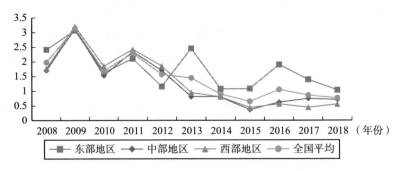

图 4－8　2008～2018 年全国及东中西部地区过程绩效平均分值

图 4 - 8 显示地方政府债务过程绩效一直处于波动状态中，这也充分说明了地方政府在债务投资过程中，非常重视经济性和效率性，加强了治理能力和治理水平建设，但目前仍未达到理想的稳定状态。如果从各区域历年过程绩效的平均得分来看，得分最高的是东部地区，排名第二的是西部地区，中部地区的过程绩效得分最低。

4.3　地方政府债务结果绩效测度

根据表 4 - 1 所确定的地方绩效评价指标体系对债务结果绩效的效益性和公平性展开测度。

4.3.1　地方政府债务结果绩效的效益性测度

对于债务绩效经济性和效率性的测度能够反映出地方政府是否具备"把事情做对"的能力，但却无法反映地方政府是否在"做对的事情"。地方政府能否促进当地经济发展，能否促进社会稳定，能否让辖区民众有更多的获得感是其存在的初心和重要使命，因此，当地方政府运用债务融资手段进行市政基础设施建设时，我们对其效益性的测度也要以上述三个使命为衡量标准。地方政府债务存在的终极目的也是实现上述目标。因此，对债务绩效效益性的测度从经济效益和社会效益两方面着手，经济效益的测度指标是人均 GDP，反映地方经济发展水平；社会效益的测度指标是城镇单位就业人数，就业是最大的民生，"六稳六保"的首要工作任务便是就业，因此就业人数是社会稳定状况的有效指征。效益性指标的描述性统计如表 4 - 12 所示。

表 4 - 12　　　　　　　效益性指标的描述性统计

指标	最小值	最大值	均值	标准差	偏度	峰度
人均GDP（元）	8824	140211.24	45890.3833	24949.42531	1.286	1.609
城镇单位就业人员年末人数（万人）	20.3	1994.137	512.33241	369.987373	0.1559	0.3319
观测值	341	341	341	341	341	341

从表 4 - 12 中可以看出，人均 GDP 和城镇单位就业人员年末人数均不是正态分布的，其偏度都大于 0，呈右偏分布，峰度值数据显示人均 GDP 呈瘦尾分布，其峰度值小于 3；城镇单位就业人员年末人数呈厚尾分布，其峰度值大于 3。

采用极差法对两项指标进行标准化，并通过将标准化以后的指标值相加，得到地方政府债务绩效的效益性得分。

2008～2018 年地方政府债务绩效效益性得分平均值如表 4 - 13 所示。

表 4 - 13　　　　　　地方政府债务绩效效益性得分平均值

年份	效益性得分平均值	年份	效益性得分平均值
2008	0.3180	2014	0.6075
2009	0.3468	2015	0.6218
2010	0.3897	2016	0.6469
2011	0.4583	2017	0.6741
2012	0.5018	2018	0.7013
2013	0.5792		

表 4 - 13 数据显示，地方政府债务绩效的效益性得分逐年增加。按照三大地区进行分类比较，各区域效益性得分平均值变化趋势如图 4 - 9 所示。

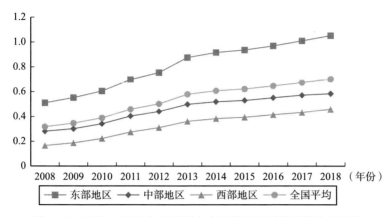

图 4-9 2008-2018 年全国及东中西部地区效益性得分平均值

图 4-9 中，所有区域的效益性得分均为逐年递增趋势，其中，东部地区的效益性得分远高于中部和西部地区，在全国平均线以上，中部地区效益得分排名第二，西部地区效益得分最低。

4.3.2 地方政府债务结果绩效的公平性测度

公平历来是人类社会孜孜追求的目标。但对于什么是公平，可谓是仁者见仁，智者见智。不同时期、不同学派的学者对于公平的认识都不尽相同，观点各异。至今仍没有一个人们普遍认同的概念和标准。国际上的公平理论主要包括：亚当·斯密、约翰·罗尔斯和阿马蒂亚·森的公平理论。

亚当·斯密（1972）认为，公平是指在市场经济中，每个人都具有平等竞争的机会和权利，或是指在机会公平和规则公平的前提下，社会收入分配差距要适度，不造成两极分化。按照马克思和恩格斯（1995）的观点，公平是人们对社会事务的价值判断，既是一种价值评价形式，也是一种思想意识。罗尔斯（2001）认为，社会福利的高低取决于社会上境况最差的那个人的效用，而致力于实现收入分配公平的政策则应该是努力实现最小效用的最大化。阿马蒂亚·森

（2002）指出，社会公平的具体内容和具体体现取决于每个社会自己的选择，只要社会的决策过程是民主的，每个成员都有表达自己偏好的正式渠道，政治决策机制能综合每个公民的意见，社会选择的结果就是可以接受的。

国内学术界关于公平定义具有代表性的观点主要有社会学意义上的公平观、经济学意义上公平观、伦理学意义上公平观、政治学意义上公平观和法学意义上的公平观。把与效率性对应的公平性界定为社会学意义上的公平，也称结果上的公平，即全体社会成员之间的社会地位、经济收入、消费水平比较接近，而不是过分悬殊。因此采用收入公平性和消费公平性两个指标来进行衡量。计算时分别采用农村居民人均可支配收入与城镇居民人均可支配收入的比值和农村居民人均消费支出与城镇居民人均消费支出的比值。所需数据来源于"EPS全球统计数据/分析平台"的中国宏观经济数据库。

2008~2018年公平性得分均值情况如图4-10所示。其中，收入公平性是指农村居民人均可支配收入与城市居民人均可支配收入的比值，而消费公平性是指农村居民人均消费支出与城镇居民人均消费

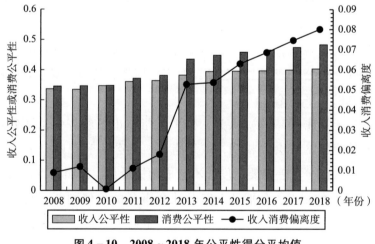

图4-10　2008~2018年公平性得分平均值

支出的比值。收入消费偏离度则是消费公平性减去收入公平性的差。在城乡边际消费倾向完全相同的情况下，收入消费偏离度应当为 0，但一般而言，低收入群体的边际消费倾向大于高收入群体，农村居民的边际消费倾向高于城市居民的边际消费倾向，因而收入消费偏离度往往大于 0。

图 4 - 10 数据显示，农村与城市收入比低于农村与城市消费比，这说明我国的城乡可支配收入差距大于城乡消费支出差距。如 2018 年农村与城市收入比为 0.4033，而农村与城市消费比为 0.4834，收入消费偏离度达到最大值 0.0801。尽管近年来，城乡收入差距和消费差距一直在缩小，收入分配的公平性在逐年提高，但是从收入消费偏离度来看，收入比与消费比之间的差距却在增加。

分区域考察公平性的变化趋势，2008 ~ 2018 年全国及东中西部地区债务绩效公平性指标如图 4 - 11 和图 4 - 12 所示。

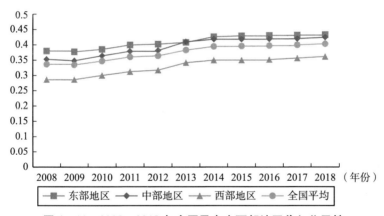

图 4 - 11　2008 ~ 2018 年全国及东中西部地区收入公平性

图 4 - 11 显示，收入公平性基本呈逐年上升趋势，东部地区收入公平性最高，中部地区次之，西部地区最低。图 4 - 12 显示的是消费公平性的变化趋势。

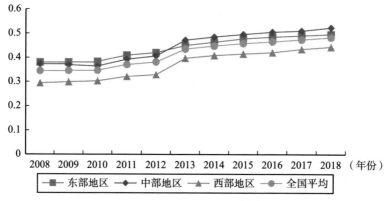

图 4 - 12   2008～2018 年全国及东中西部地区消费公平性

图 4 - 12 显示，消费公平性也表现为上升趋势，2012 年及 2012 年以前，东部地区消费公平性最高，2012 年中部地区超过东部地区，成为消费公平性最高的地区，西部地区的城乡消费差距最大，消费公平性最低。

4.3.3   地方政府债务结果绩效评价值

通过加总地方政府债务绩效的效益性和公平性得分，可以得到地方政府债务结果绩效评价值。其年度平均值如图 4 - 13 所示。

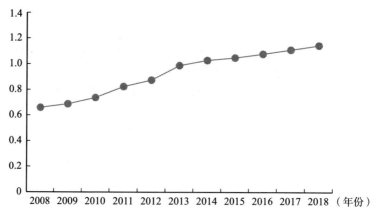

图 4 - 13   2008～2018 年结果绩效平均分值

图 4 - 13 显示，债务结果绩效与过程绩效的变动趋势存在显著差异，过程绩效的平均分值一直处在波动状态中，而结果绩效则始终呈现平稳的上升趋势。这说明地方政府参与市场活动的结果始终处在改善路径中，债务绩效的公平性和效益性一直在增加。

分区域考察地方政府债务结果绩效评价值，东中西部地区的结果绩效平均分值如图 4 - 14 所示。

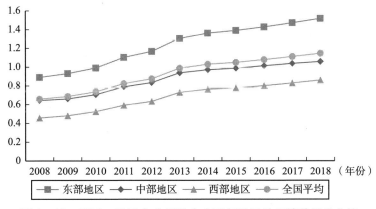

图 4 - 14　2008 ~ 2018 年全国及东中西部地区结果绩效平均分值

图 4 - 14 显示地方政府债务结果绩效最高的地区为东部地区，高于全国平均水平，然后为中部地区，西部地区的结果绩效得分值最低。

通过选取适当指标对地方政府债务绩效的经济性、效率性、效益性和公平性进行测度，研究发现债务绩效的经济性和效率性呈现出波动特征，而效益性和公平性则一直呈稳步提高的状态。经济性和效率性所反映的是地方政府在债务投资过程中与市场环境互动时中所表现出来的治理能力和治理水平，两者共同构成地方政府债务的过程绩效；效益性和公平性所反映的是地方政府债务投资与市场环境互动后的结果，两者共同构成地方政府债务的结果绩效。

本 章 小 结

　　第4章通过对地方政府债务绩效的经济性、效率性、效益性和公平性的评价和测算，发现地方政府债务过程绩效与结果绩效有着截然相反的变动趋势，总体而言，过程绩效波动性较强且呈现逐年下降的特点，而结果绩效则表现为逐年稳步提升。究竟是何种因素导致地方政府债务的过程绩效和结果绩效差异如此显著，是后面两章将要研究的内容。

第5章 地方政府债务过程绩效影响因素的实证分析

对过程绩效影响因素的分析主要考察的是地方政府债务绩效的经济性与效率性的影响因素。前面的分析表明地方政府债务过程绩效具有较强的波动性，这说明地方政府一直在努力提高债务投资回报率，但始终未能取得稳定的预期效果。第5章试图从实证角度验证第3章机理分析中所提出的假设1和假设2，从而对过程绩效的作用机理有更为清晰的定量认识。

5.1 模型设定

假设1是在设定其他条件不变的情况下对要素投入变量的考察，而假设2是在设定其他条件不变的情况下对环境因素变量的考察。因而后续实证分析中将会分别针对假设1和假设2构建模型进行检验。

5.1.1 模型构建

1. 针对假设1的模型构建

根据理论分析，构建模型如下：

$$\text{PROP}_{it} = \alpha_0 + \alpha_1 \ln\text{Debt}_{it} + \sum_{2}^{k} \alpha_k Z_{it} + U_i^1 + \lambda_t^1 + \varepsilon_{it}^1 \quad (5.1)$$

其中，PROP代表地方政府债务过程绩效，下标it代表i省（区、市，下同）在 t 年的过程绩效；α 为偏回归系数；Debt 代表地方政府的债务资金投入，为减缓异方差的影响，在实证检验过程中对债务资金投入进行取对数处理；Z 表示影响过程绩效的控制变量，分别选用了财政收入分权度、财政支出分权度、财政自主度和人口密度；U_i^1 为个体固定效应，表示不随时间变化的地方政府个体特征；λ_t^1 为时点固定效应，表示不随地方政府个体变化的因素；ε^1 为残差项。

2. 针对假设 2 的模型构建

根据理论分析，构建模型如下：

$$\text{PROP}_{it} = \beta_0 + \beta_1 \text{FRD}_{it} + \beta_2 \text{FED}_{it} + \beta_3 \text{FAD}_{it} + \beta_4 \text{Market}_{it} + \beta_5 \text{Urban}_{it}$$

$$+ \beta_6 \text{Open}_{it} + \sum_7^k \beta_k Z_{it} + U_i^2 + \lambda_t^2 + \varepsilon_{it}^2 \qquad (5.2)$$

其中，PROP 代表地方政府债务过程绩效，下标 it 代表 i 省（区、市，下同）在 t 年的过程绩效；β 为偏回归系数；FRD 代表财政收入分权度；FED 代表财政支出分权度；FAD 代表财政自主度；Market 代表市场化程度；Urban 代表城镇化率；Open 代表对外开放程度；Z 表示影响过程绩效的控制变量，该模型中的控制变量是债务投入；U_i^2 为个体固定效应；λ_t^2 为时点固定效应；ε^2 为残差项。

5.1.2 变量界定

1. 被解释变量

假设 1 和假设 2 的被解释变量均为地方政府债务过程绩效，地方政府债务过程绩效的具体度量采用的是过程绩效评价值，过程绩效评价分值是对地方政府债务绩效经济性和效率性的综合评判。

2. 解释变量

假设 1 的解释变量是债务投入，投入变量的衡量指标与第 4 章一致，这里不再赘述。假设 2 的解释变量是财政收入分权度、财政支出分权度、财政自主度、市场化程度、城镇化率和对外开放程度。六项解释变量的具体衡量和计算方法如下：

$$\text{FRD}_{it} = \frac{\dfrac{\text{FR}_{it}}{\text{POP}_{it}}}{\dfrac{\text{FR}_{it}}{\text{POP}_{it}} + \dfrac{\text{FRC}_t}{\text{TPOP}_t}} \times \left(1 - \frac{\text{GDP}_{it}}{\text{TGDP}_t}\right) \quad (5.3)$$

$$\text{FED}_{it} = \frac{\dfrac{\text{FE}_{it}}{\text{POP}_{it}}}{\dfrac{\text{FE}_{it}}{\text{POP}_{it}} + \dfrac{\text{FEC}_t}{\text{TPOP}_t}} \times \left(1 - \frac{\text{GDP}_{it}}{\text{TGDP}_t}\right) \quad (5.4)$$

$$\text{FRD}_{it} = \frac{\dfrac{\text{FR}_{it}}{\text{POP}_{it}}}{\dfrac{\text{FE}_{it}}{\text{POP}_{it}}} = \frac{\text{FR}_{it}}{\text{FE}_{it}} \quad (5.5)$$

$$\text{Market}_{it} = 1 - \frac{\text{FR}_{it}}{\text{GDP}_{it}} \quad (5.6)$$

$$\text{Urban}_{it} = \frac{\text{POPC}_{it}}{\text{APOP}_{it}} \quad (5.7)$$

$$\text{Open}_{it} = \frac{\text{TIEP}_{it}}{\text{GDP}_{it}} \quad (5.8)$$

式（5.3）、式（5.4）和式（5.5）分别是对财政收入分权、财政支出分权和财政自主度的衡量，三式中 FR 和 FE 分别代表省本级预算内财政收入与省本级预算内财政支出；FRC 和 FEC 分别代表中央本级预算内财政收入和中央本级预算内财政支出；POP 和 TPOP 分别表示本省常住人口数和全国人口数；GDP 和 TGDP 分别表示本省生产总值和全国国内生产总值。式（5.3）、式（5.4）后面括号中的内容是缩减因子，是为了消除地方政府经济规模对分权度的影响。式（5.6）中的符号含义与上述三式完全一致。式（5.7）中 POPC 表示城镇常住人口数；APOP 表示本省常住人口数。式（5.8）中 TIEP 表示本省净出口贸易总额，其余符号意义与前述公式一致。

3. 控制变量

假设 1 的控制变量为财政收入分权度、财政支出分权度、财政自主度和人口密度，财政分权度的度量参考式（5.3）、式（5.4）和式

（5.5）。假设 1 的核心解释变量为债务投入，然而财政分权度和人口密度也是影响过程绩效的关键环境变量，因此将其作为控制变量纳入回归分析中，以明确债务投入的偏回归系数。财政分权度是地方政府自有财政实力的重要测度指标，是影响地方政府债务投融资决策的重要因素；人口密度表示的是各省人口的密集程度，具体衡量时采用每平方千米内的常住人口数。过去的研究中有不少学者认为过剩的人口导致中国经济陷入一种特殊的困境而无法脱出，使以节省劳动力为目的的技术变迁无法出现，于是中国处于一种低水平状态上，有学者称这一状态为"内卷化"①。但观察我国的经济现实，人口密度与经济发展水平之间的关系可谓一目了然。著名人口地理学家胡焕庸先生提出了"爱辉—腾冲人口地理分界线"，又称"胡焕庸线"。这条线表明，占国土面积 43 ％的东南部分土地上居住着占全国 94 ％的人口；而胡焕庸线西北部分的土地面积占到全国总面积的 57 ％，但其常住人口却仅有 6 ％。但也有学者认为人口密度对经济效率的影响是"U"型的，只有当人口密度越过一定的门槛后，才会使地方政府在公共品供给上更有优势。因此，在分析地方政府债务投资的过程绩效时，人口密度是一个不容忽视的因素。

假设 2 的控制变量是债务投入，假设 2 是在投入要素一定的情况下，考察外部环境因素对过程绩效的影响。控制变量的度量方法与假设 1 中的解释变量一致。

由财政分权引致的政府间关系是否会影响政府提供的公共服务，是分权理论界讨论的热点之一。财政分权理论的传统观点认为，财政分权可以鼓励政府间财政竞争，促使地方政府更为关注本地区居民偏好，从而有利于改善地方公共服务提供效率，促进社会福利水平的提高（Oates，1972；Bird，1994；Faguet，2004）。奥茨和施瓦布（Oates and Sehwab，1988，1991，1996）通过建立模型论证了横向政府之间竞争有助于公共服务供给效率的提高，他们认为，分权下的政

---

① 施展. 枢纽：3000 年的中国 ［M］. 桂林：广西师范大学出版社，2018.

府与市场经济中的私人部门相似，通过"看不见的手"竞争流动性资本，可以提高本地居民的收入和扩大税基，能够有效供给公共服务，但是该模型具有严格的条件，与现实的出入很大。但是，由于外部性问题以及地区间财政能力差异巨大，财政分权也可能会导致地方公共服务提供效率低下以及地区间公共服务严重失衡等问题，从而对社会总福利造成负面影响（Casas，1997）。一些学者认为，分权体制下横向政府对企业和资本的竞争常常通过税收优惠等方法来维持，财力的损失则通过减少基本公共服务供给来弥补，结果弱化了地方政府基本公共服务供给的能力和意愿（Break，1967；Cumberland，1979，Rivlin，1992；Breton，1998）。韦恩加斯特（Weingast，1997）阐述了财政分权在改善公共服务供给水平上的作用路径，认为财权与事权相互匹配、问责机制健全是财政分权改善地方公共服务供给的重要保证。金（Kim，2008）探讨了发展中国家与经济转轨国家特殊的政治和经济背景下分权和公共物品之间的关系，他认为，分权的积极作用在于带来了地方政府的竞争、居民偏好的满足以及通过投票选举加强了对政府的监管，同时也带来诸如多级政府间协调和腐败的问题，政府低效率的问题等。因此，政府对于公共物品供给效率的提高还有待于制度的设计和人力资本素质的提高。这个观点表明公共服务与居民自身素质间存在正相关关系。

5.1.3　数据来源

债务投入的数据由第 4 章测算所得，财政收入分权、财政支出分权和财政自主度计算中所用的省本级财政预算内收入、中央本级财政预算内收入、常住人口数据以及国内生产总值数据等均来源于国家统计局分省年度数据库；市场化程度、城镇化率和对外开放程度、人口密度等所需数据来源于中经网统计数据库分省年度宏观库。所有数据的时间跨度为 2008～2018 年。

5.2 实证分析过程

在进行回归分析之前，对各变量进行描述性统计。假设 1 和假设 2 中涉及的变量共有 9 项，其描述性统计如表 5 - 1 所示。

表 5 - 1 变量描述性统计

变量	变量符号	均值	标准差	最小值	最大值	观测值
过程绩效	PROP	1.48456	1.66402	0.00603	15.4264	341
债务投入	lnDebt	7.29813	1.09249	3.63623	9.24190	341
财政收入分权度	FRD	47.6608	12.2745	25.6892	80.3408	341
财政支出分权度	FED	82.1157	5.9988	66.6707	95.9147	341
财政自主度	FAD	49.4607	20.4580	6.40020	93.7752	341
市场化程度	Market	89.2913	3.13364	77.2660	94.4008	341
城镇化率	Urban	54.3275	13.9404	21.9000	89.6000	341
对外开放程度	Open	0.28216	0.33416	0.01684	1.69281	341
人口密度	POPU	2768.71	1199.12	515.000	5967.00	341

变量描述性统计分析显示，财政分权的三种的衡量指标之间差异较大，如果仅从均值进行比较来看，财政支出分权度最高，财政自主度次之，而财政收入分权度最低，财政收入分权度仅有财政支出分权度的 58%，这同时说明中国式的财政分权具有与西方国家不同的特点，因而尽管财政分权理论认为财政分权有助于提高地方政府公共品的供给效率，但由于我国财政具有收入相对集权而支出相对分权的特征，所以采用不同的财政分权指标将会使最终的实证结果表现出较为显著的差异。

5.2.1 基准回归分析

1. 对假设 1 的基准回归分析

债务投入对地方政府债务过程绩效的影响分析结果如表 5 - 2 所

示。表 5 - 2 所列示的回归分析结果共有 8 列，为了对比分析不同的回归方法可能对结果产生的影响，前 3 列采用混合 OLS 回归，后 5 列采用个体时点双向固定效应方法进行回归。第（1）列回归中加入了财政收入分权和财政支出分权两个控制变量，第（2）列回归中控制变量又增加了财政自主度指标。第（3）列回归在第（2）列回归的基础上增加了人口密度这一控制变量。后 5 列的双向固定效应分析中，依次为不含控制变量的第（4）列回归和逐个加入控制变量的第（5）~ 第（8）列回归。

表 5 - 2　　　　　　　　投入变量对过程绩效回归结果

变量	（1）	（2）	（3）	（4）	（5）	（6）	（7）	（8）
lnDebt	0.0945 [0.0939]	0.0794 [0.0981]	0.0857 [0.0988]	- 0.0565 * [0.1327]	- 0.0471 * [0.1776]	- 0.0961 ** [0.1781]	- 0.146 *** [0.1992]	- 0.202 ** [0.1992]
FRD	0.0309 *** [0.0081]	0.0497 * [0.0356]	0.0478 * [0.0358]		- 0.00226 ** [0.0283]	0.0564 *** [0.0379]	0.0372 ** [0.0509]	0.0249 *** [0.0508]
FED	- 0.0426 * [0.0190]	- 0.0690 [0.0522]	- 0.0675 [0.0524]			- 0.124 * [0.0583]	- 0.110 * [0.0633]	- 0.114 ** [0.0629]
FAD		- 0.0106 [0.0195]	- 0.0101 [0.0196]				0.0181 * [0.0321]	0.0284 ** [0.0322]
POPU			- 0.00004 [0.0001]					- 0.00497 * [0.0002]
_cons	2.819 [1.8735]	4.721 [3.9817]	4.743 [3.9859]	1.072 [0.9724]	1.033 [1.0893]	8.303 * [29.8297]	6.819 [4.4429]	5.4437 [4.4494]
个体固定	否	否	否	是	是	是	是	是
时点固定	否	否	否	是	是	是	是	是
观测值	341	341	341	341	341	341	341	341
调整的 R²	0.0466	0.0446	0.0457	0.0234	0.0244	0.0347	0.0356	0.0588

注：表中方括号内的数值为稳健标准误，* 、** 、*** 分别表示 10%、5%、1% 的显著性水平。

从表 5 - 2 中可以看到，在 8 列回归结果中，核心解释变量债务投入量的回归结果并不稳健，在混合 OLS 回归中其回归系数显示为正值，在双向固定效应模型分析中，债务投入量的回归系数转变为负值，但混合 OLS 回归中的债务投入量回归系数均不显著。按照假设 1 的推理，债务投入不断增加的过程中，一方面可能由于劳动力投入无法与资本投入相匹配，会导致边际报酬递减；另一方面债务投入过多还会存在资金配置不及时等可能性，这些都会导致债务投入对地方政府债务过程绩效产生负向作用。从表 5 - 2 的回归结果来看，债务投入要素确实存在投入过多的可能，由于债务投入要素在基准回归分析中，系数符号不稳健，存在正负两种可能的作用，后续还要对债务投入的作用进行深入的分析。

从控制变量的回归分析结果来看，财政分权的三个度量指标之间表现出明显的差异。其中，财政收入分权指标主要表现为正向促进作用，第（5）列回归结果中虽然其回归系数为负值，但此结果并不显著，在其表现显著的回归结果中，财政收入分权度的增加有助于促进债务过程绩效的提高；财政支出分权则与之相反，8 列回归结果的系数均显示为负值，且其表现显著的回归结果也稳健为负值。说明财政支出分权度的提高反而不利于债务过程绩效的提高；财政自主度的回归结果在混合 OLS 回归和双向固定效应回归中有着迥然不同的表现，在混合 OLS 回归中，其回归系数不显著，而在双向固定效应回归中回归系数为正值且分别在 10% 和 5% 的水平上表现显著。人口密度这一控制变量稳定表现为负值，但在混合 OLS 回归中不显著，在双向固定效应分析中在 10% 的水平上表现显著。两种回归方法的结果存在明显差异，可见确实存在个体和时点固定效应。

2. 对假设 2 的基准回归分析

环境变量对地方政府债务过程绩效的影响分析结果如表 5 - 3 所示。为了对比不同的回归方法可能对结果产生的影响，仍然采用混合 OLS 回归和双向固定效应分析两种方法进行实证检验。

表 5 - 3　　　　　　　　　　环境变量对过程绩效回归结果

变量	（1）	（2）	（3）	（4）
FRD	0. 062 ** [0. 0403]	0. 0643 ** [0. 0406]	0. 0231 * [0. 0615]	0. 0455 *** [0. 0702]
FED	- 0. 0217 [0. 0510]	- 0. 0287 * [0. 0531]	- 0. 113 [0. 0689]	- 0. 0707 * [0. 0718]
FAD	0. 0183 [0. 0222]	0. 0181 [0. 0222]	0. 0108 [0. 0374]	0. 00669 ** [0. 0382]
Market	0. 104 * [0. 0511]	0. 105 * [0. 0512]	0. 192 *** [0. 1335]	0. 263 ** [0. 1375]
Urban	- 0. 0135 [0. 0156]	- 0. 012 [0. 0159]	- 0. 0216 * [0. 0371]	- 0. 074 [0. 0453]
Open	1. 274 * [0. 5251]	1. 393 * [0. 5818]	0. 849 [1. 2143]	0. 81 *** [1. 2085]
lnDebt		- 0. 0522 [0. 1088]		- 0. 520 * [0. 2601]
_cons	- 8. 799 [6. 3700]	- 8. 048 [6. 5668]	28. 35 [15. 0346]	32. 66 * [15. 1156]
个体固定	否	否	是	是
时点固定	否	否	是	是
观测值	341	341	341	341
调整的 R^2	0. 0135	0. 0148	0. 0322	0. 0416

注：表中方括号内的数值为稳健标准误，＊、＊＊、＊＊＊分别表示10%、5%、1%的显著性水平。

如表 5 - 3 所示，环境变量对过程绩效的回归分析结果部分地验证了假设 2 的内容。根据假设 2 的推理，财政分权会提高地方政府债务过程绩效，但是我国的事实性分权特征有着独特的制度和社会背景，在收入分权的同时并没有厘清支出责任，所以造成了收入分权度低而支出分权度高的特点。表 5 - 3 也证明了财政收入分权和财政支出分权对过程绩效的作用是完全不同的。混合 OLS 回归和双向固定效应回归均验证了财政收入分权对过程绩效的作用是显著为正的；而财政支出分权则稳定表现为负值，其中，第（2）列的混合 OLS 回归和第（4）列双向固定效应回归系数均显著为负值，其他回归系数不显著。财政自主度的回归系数稳定为正值，其中，第（4）列的双向固定效应回归系数显著。市场化程度对地方政府债务过程绩效的回归系数均显著为正值，这与前面的理论分析一致，市场化程度越高，政府与市场进行互动的过程中其治理效率和治理水平也会提高。城镇化率对过程绩效的作用系数为负值，但除第（3）列的双向固定效应回归系数在 10% 的水平上显著外，其他回归结果并不具备统计学意义上的显著性。对外开放程度对过程绩效的作用稳定为正值，混合 OLS 回归系数显著，验证了理论分析中对其作用的分析，但在双向固定效应回归分析中其系数均不显著。

控制变量中，债务投入对过程绩效的回归系数为负值，混合 OLS 回归中系数不显著，双向固定效应回归中在 10% 的水平上显著。该分析结果与假设 1 的验证结论一致。

5.2.2 异质性回归分析

前面的基准回归分析中，债务投入变量的回归系数在两种回归方法中表现不一致，说明不同地区的债务投资确实存在明显的个体差异，且 2015 年允许地方政府发债后，该政策可能会对过程绩效产生影响，因而考虑将时间虚拟变量与区域虚拟变量加入模型中进行分析。由于政策效果发挥作用可能会存在时滞，且从过程绩效的变化趋势来看，2009 年和 2016 年是较为明显的转折点，因此将 2008 ~ 2018 年 11 年数据划分为 2008 ~ 2009 年、2010 ~ 2015 年和 2016 ~ 2018 年三个时间段，设置时间虚拟变量 dyear1 和 dyear2，若时间为 2008 ~ 2009 年，则 dyear1 = 1，否则为 0；若时间为 2010 ~ 2015 年，则

dyear2 $= 1$，否则为 0；若 dyear1 和 dyear2 同时为 0，则样本数据的时间为 2016～2018 年。按照国家统计局对三大经济区域的划分，设置两个区域虚拟变量 dqy1 和 dqy2，若某个地方政府属于东部区域，则区域虚拟变量 dqy1 $= 1$，否则为 0；若属于中部地区，则 dqy2 $= 1$，否则为 0；若 dqy1 和 dqy2 同时为 0，则该区域属于西部地区。对假设 1 和假设 2 分别设置如下面板回归模型，即：

$$PROP_{it} = \alpha_0 + \alpha_1 \ln Debt_{it} + \sum_2^k \alpha_k Z_{it} + \sum_{j=1}^2 dyear_j + \sum_{m=1}^2 dqy_m + \varepsilon_{it}^1$$

$$(5.9)$$

$$PROP_{it} = \beta_0 + \beta_1 FRD_{it} + \beta_2 FED_{it} + \beta_3 FAD_{it} + \beta_4 Market_{it} + \beta_5 Urban_{it}$$
$$+ \beta_6 Open_{it} + \sum_7^k \beta_k Z_{it} + \sum_{j=1}^2 dycar_j + \sum_{m=1}^2 dqy_m + \varepsilon_{it}^2 \quad (5.10)$$

加入时间虚拟变量和区域虚拟变量后，式（5.9）和式（5.10）的回归结果分别如表 5 - 4 和表 5 - 5 所示。

表 5 - 4　　　增加虚拟变量后投入变量对过程绩效回归结果

变量	系数	标准误	z	P >	z	
lnDebt	- 0. 29333	0. 14271	- 2. 06	0. 040 **
FRD	0. 28055	0. 16717	1. 68	0. 093 *
FED	- 0. 00082	0. 00040	- 2. 04	0. 042 **
FAD	0. 19982	0. 09758	2. 05	0. 041 **
POPU	- 1. 59847	0. 91608	- 1. 75	0. 08 *
dyear1	6. 42641	1. 25301	5. 13	0. 000 ***
dyear2	0. 14028	0. 08359	1. 68	0. 093 *
dqy1	- 3. 19694	1. 83216	- 1. 73	0. 083 *
dqy2	- 1. 20054	1. 35741	- 0. 88	0. 376
_cons	- 10. 5026	21. 3836	- 0. 49	0. 623

注：* 、** 、*** 分别表示 10% 、5% 、1% 的显著性水平。

表 5-5   增加虚拟变量后环境变量对过程绩效回归结果

变量	系数	标准误	z	P > |z|
FRD	0.16397	0.19358	0.85	0.397
FED	0.28052	0.26443	1.06	0.289
FAD	0.19378	0.10750	1.80	0.071 *
Market	0.71334	0.25032	2.85	0.004 ***
Urban	-0.35824	0.08515	-4.21	0.000 ***
Open	4.11880	2.59686	1.59	0.113
lnDebt	-0.43824	0.58935	-0.74	0.457
dyear1	-3.00730	1.68978	-1.78	0.075 *
dyear2	-0.20888	1.27658	-0.16	0.87
dqy1	5.23485	1.31384	3.98	0.000 ***
dqy2	3.52503	1.03946	3.39	0.001 ***
_cons	-71.8074	29.7723	-2.41	0.016 **

注：*、**、***分别表示10%、5%、1%的显著性水平。

表 5-4 显示增加虚拟变量后投入变量对过程绩效回归结果与未增加时保持一致，债务投入对过程绩效的作用显著为负值，两个时间虚拟变量都显著，区域虚拟变量 dqy1 在 10% 的水平上显著，dqy2 不显著，这说明确实存在区域和时间因素导致的过程绩效差异。

表 5-5 显示增加虚拟变量后环境变量对过程绩效回归结果与基准回归结果基本保持一致。财政收入分权和财政支出分权的回归系数均为正值，但两者均不具备统计学意义上的显著性。财政自主度的回归系数为正值，并且在 10% 的水平上显著。市场化程度和对外开放程度对过程绩效有正向作用，而城镇化率有负向作用，市场化程度和城镇化率指标均在 1% 的水平上显著，对外开放程度不具备统计学意义上的显著性。时间虚拟变量 dyear1 在 10% 的水平上显著，dyear2 不显著，两个区域虚拟变量都在 1% 的水平上显著。鉴于上述分析中时间和区域虚拟变量都显著影响过程绩效，为此构建不同区域分时段的异质性回归模型。对投入变量和环境变量的异质性回归分析结果如表 5-6 和表 5-7 所示。

表 5-6　投入变量对过程绩效异质性回归结果

变量	东部地区			中部地区			西部地区		
	1	2	3	1	2	3	1	2	3
lnDebt	-15.58 [10.9369]	-1.226 [0.8627]	17.59 [10.0362]	17.59 [10.0362]	-2.867* [1.3455]	-0.468 [3.3333]	1.576 [4.1143]	-3.563*** [1.0439]	-0.146 [1.8644]
FRD	6.835* [3.3085]	-0.493 [0.3539]	0.236* [0.0098]	2.816 [3.5356]	-0.668 [0.4691]	-1.047 [1.7243]	0.227 [0.9715]	-0.581* [0.2510]	-0.0359 [0.6032]
FED	-10.82* [5.1981]	0.400 [0.5587]	-0.525*** [0.1592]	-2.618 [4.3897]	0.165 [0.6273]	-0.293 [2.5872]	-0.226 [1.3933]	0.787 [0.4794]	0.246 [1.1645]
FAD	-2.552 [1.3992]	0.371* [0.1706]	-0.121* [0.0506]	-1.400 [1.7875]	0.367 [0.2499]	0.295 [1.0620]	-0.384 [0.6719]	0.522** [0.1685]	0.132 [0.4393]
POPU	0.0145* [0.0066]	-0.00174 [0.0012]	-0.000099 [0.0002]	0.00202 [0.0019]	-0.0016 [0.0007]	-0.00365* [0.0018]	-0.00076 [0.0014]	-0.000371 [0.0005]	-0.00035 [0.0014]
_cons	746.1 [384.563]	-8.7 [40.098]	45.28*** [10.5212]	39.96 [336.259]	34.57 [47.3118]	83.96 [205.016]	30.04 [116.642]	-22.24 [40.893]	-10.71 [93.215]
观测值	22	66	33	16	48	24	24	72	36

注：表中方括号内的数值为稳健标准误，*、**、*** 分别表示10%、5%、1%的显著性水平。

表 5-7 环境变量对过程绩效异质性回归结果

变量	东部地区			中部地区			西部地区		
	1	2	3	1	2	3	1	2	3
FRD	0.0398 [4.5548]	0.538* [0.3949]	-0.0805 [0.9164]	1.582* [3.4246]	0.85 [0.5446]	-0.669 [2.1708]	-0.028 [1.5684]	-0.189 [0.2750]	-0.288 [0.4699]
FED	-3.18 [5.6912]	-0.0695 [0.4565]	0.377 [1.3516]	-0.849* [3.9879]	-1.032 [0.8244]	1.53 [3.7664]	0.000758 [1.7201]	0.923* [0.4601]	1.307 [0.9413]
FAD	-0.356 [1.9689]	0.330* [0.1653]	0.661 [0.4401]	-1.42 [1.7627]	0.857** [0.2987]	0.587 [1.6992]	-0.353 [0.7127]	0.654*** [0.1674]	0.912* [0.3956]
Market	-4.774 [4.1057]	1.332*** [0.3964]	0.316 [0.9052]	-2.033 [2.4687]	1.459* [0.6251]	0.515 [2.4281]	-1.763 [2.2543]	1.089* [0.4375]	1.275 [0.8681]
Urban	1.088 [1.5944]	-0.407* [0.1731]	-0.464 [0.3885]	-0.824 [1.1591]	-0.169 [0.2374]	-0.465 [0.5664]	0.215 [0.7383]	-0.442** [0.1595]	-0.723*** [0.2029]
Open	11.35 [32.6286]	5.215 [3.6458]	-18.22 [11.8081]	-84.53 [96.5894]	33.36 [19.6963]	33.83 [49.8609]	-30.55* [28.7167]	-6.842 [7.6709]	-10.44 [15.0574]
lnDebt	1.969 [12.8843]	-2.730** [0.9527]	-2.445 [1.7236]	5.817 [7.5528]	-0.365 [1.8312]	2.659 [3.4368]	0.849 [4.3262]	-2.941** [1.0276]	-1.335 [1.5105]
_cons	645.1 [438.633]	-107.3* [44.461]	-28.32 [128.232]	275.9 [378.670]	-201.3* [100.658]	-154.3 [460.552]	178.5 [202.445]	-137.3* [60.158]	-182.9 [113.290]
观测值	22	66	33	16	48	24	24	72	36

注：表中方括号内的数值为稳健标准误，*、**、***分别表示10%、5%、1%的显著性水平。

表5-6中第二行的数据1、2、3分别代表的时间段为2008~2009年、2010~2015年、2016~2018年。投入变量的异质性回归分析结果显示，东中西部地区存在显著的地区差异，债务投入的回归系数在中部和西部地区显著为负值，东部地区不存在统计学意义上的显著性，但其系数符号主要为负，其中，东部地区在2016~2018年为正值，其余时间段为负值；中部和西部地区在2008~2009年为正值，其余时间段的回归系数均为负值。三个地区随着时间的推移都存在系数由正转负或由负转正的变化，其中，东部地区的债务投入回归系数由负转正，而中部和西部地区的债务投入回归系数由正值转为负值，这说明债务投入对过程绩效的影响是非线性的。以东部地区为例，2008~2015年地方政府债务规模大幅攀升，此时债务投入处于相对冗余状态，资金使用的经济性和效率性较低，因此其回归系数为负值，2015年后随着中央一系列规范地方政府债务管理的政策出台，地方债的快速扩张阶段结束，地方政府债务逐步规范为地方政府债券，2016~2018年东部地区债务投入的回归系数为正值。

表5-7中第二行的数据1、2、3所表示的意思与表5-6一致，环境变量的异质性回归分析结果显示，西部地区的财政分权度与对外开放程度的回归结果与东中部地区存在较为明显的差异。东中部地区的财政收入分权度主要表现为正向作用，且该正向作用在东中部地区均有显著表现，而西部地区的财政收入分权度则表现为负向作用，尽管其回归系数不显著，但其系数符号稳定为负值。西部地区财政收入分权度较低，其地方政府支出中大量依赖于中央的转移支付。因为尽管西部地区的财政收入分权度均值仅有43.25%，但其财政支出分权度均值却高达84.94%，这一数值也高于东部地区的81.22%。东中部地区可以通过提高财政收入分权度来促进地方政府债务过程绩效的提高，但西部地区却不能采取这一办法。由于气候、地理位置等因素的影响，西部地区交通基础设施落后，税源有限导致财力不足，即使给予同样的税收权利，西部地区的财政收入也会远远低于中东部地

区，仍然需要中央政府的转移支付才能完成其地方性公共产品的生产和提供职能。财政支出分权度在东中部地区主要表现为负值且在中部地区显著，而西部地区为正值，其中的原因与上述分析财政收入分权的原因类似。过程绩效的提升需要西部地区提高财政支出分权度，而东中部地区则要降低财政支出分权度，这一结论看似存在矛盾，其实则不然，降低东中部地区的财政支出分权度则意味着中央政府对东中部地区的转移支付减少，这一减少量恰好可以弥补给西部地区以提高其财政支出分权度。财政自主度在三个地区均显著表现为正值。

对外开放程度这一指标在东部和中部地区主要表现为正向作用，但西部地区的回归系数均为负值，且在 2008～2009 年这一时间段内表现为在 10% 的水平上显著。对外开放的重要性不言而喻，不少学者的研究也证实了对外开放程度与地方政府规模呈现显著正相关，因为随着对外开放程度提高，需要地方政府提供更多社会安全、就业培训等公共服务。地方政府只有达到一定规模时才会产生规模效应，提高其治理效能。西部地区与 12 个国家直接接壤，具有其特定的地缘优势。但由于其交通不便等原因导致其货物成本较高，造成其与东部地区的巨大贸易差距，其对外开放程度还远未达到促进地方政府行政效率提升的水平。

市场化程度在东中西部地区均显著表现为正值，市场化程度越高，政府在与市场互动过程中的运作效率越高。城镇化率的回归系数在东部和西部地区显著表现为负值，中部地区回归系数不显著但稳定为负值。前面的理论分析指出，城镇化率的提高具有双重作用，一方面由于规模效应的出现可能会使地方政府公共品供给效率提高，这主要是由于随着规模的增大，地方政府公共品的供给会出现边际成本下降，从而使规模效应产生；另一方面，由于交通拥挤、环境污染等"城市病"的存在，也可能导致供给效率的下降，当城镇化规模达到一定程度后，公共品的供给又会进入边际成本提高的阶段。西部地区由于城镇化率较低无法形成规模效应，而东部地区则由于城镇化率的大幅度提高, 地方政府的公共产品提供能力没有相应的提高而导致过程绩效降低。

5.2.3 稳健性检验

1. 对投入变量的稳健性检验

采用替换关键变量的方法再次对面板数据进行双向固定效应回归分析。债务投入变量改为债务投入占 GDP 的比值, 其变量符号为 debtratio。稳健性检验结果如表 5 – 8 所示。

表 5 – 8 投入变量的稳健性检验

变量	(1)	(2)	(3)	(4)	(5)
debtratio	– 12. 10 * [5. 7437]	– 2. 362 [6. 1971]	– 4. 506 * [6. 1845]	– 6. 648 ** [6. 7615]	– 9. 428 * [6. 8354]
FRD		0. 362 *** [0. 0965]	– 0. 036 [0. 1533]	0. 0667 [0. 2015]	0. 125 [0. 2020]
FED			– 0. 653 ** [0. 2404]	– 0. 753 ** [0. 2722]	– 0. 765 ** [0. 2705]
FAD				0. 102 [0. 1293]	0. 148 [0. 1302]
POPU					– 0. 00195 * [0. 0009]
_cons	13. 31 *** [0. 8781]	29. 18 *** [4. 3221]	67. 58 *** [14. 7701]	76. 23 *** [18. 4280]	82. 51 *** [18. 5306]
观测值	341	341	341	341	341

注: 表中方括号内的数值为稳健标准误, * 、** 、*** 分别表示 10% 、5% 、1% 的显著性水平。

表 5 – 8 中的共有 5 列回归分析结果, 第 (1) 列回归中不包含任何控制变量, 第 (2) 列中加入了财政收入分权度这一控制变量,

第（3）列中增加了财政支出分权指标作为控制变量，第（4）列和第（5）列又依次增加了财政自主度和人口密度。稳健性检验的结果显示，债务投入要素回归系数显著为负值。

2. 对环境变量的稳健性检验

对环境变量的稳健性检验也采用替换关键变量法进行，将财政收入分权和财政支出分权度指标分别替换为不包含缩减因子的衡量指标，而在财政自主度指标中加入缩减因子。即财政收入分权 = 人均省本级预算内财政收入/（人均省本级预算内财政收入 + 人均中央本级预算收入），其变量符号记为 frd；财政支出分权 = 人均省本级预算内财政支出/（人均省本级预算内财政支出 + 人均中央本级预算支出），其变量符号为 fed；财政自主度 =（省本级预算内财政收入/省本级预算内财政支出）×（1 − 本省 GDP 占全国 GDP 的份额），其变量符号为 fad。市场化程度计算公式中的财政收入替换为财政支出，即市场化程度 = 1 − 财政支出/GDP，变量符号记为 market；城镇化率用人口密度指标来进行替换，变量符号记为 urban，对外开放程度采用进出口贸易额的对数值进行替换，变量符号记为 open。稳健性检验结果如表 5 − 9 所示。

表 5 − 9　　　　　　　　　　环境变量的稳健性检验

变量	（1）	（2）	（3）	（4）
frd	10.31 ** [14.8395]	11.84 [15.1661]	9.353 * [17.1422]	20.26 ** [20.8070]
fed	− 63.48 * [25.5029]	− 65.55 * [25.8619]	− 6.03 [29.9549]	− 8.988 * [30.1319]
fad	9.807 [9.0734]	7.701 [10.0037]	18.35 * [13.3370]	24.66 ** [14.9805]
urban	− 0.000665 * [0.0003]	− 0.000667 * [0.0003]	− 0.00176 * [0.0009]	− 0.00186 * [0.0009]

变量	（1）	（2）	（3）	（4）
market	20.03 *** [5.2639]	19.25 *** [5.4901]	27.85 [16.7385]	28.12 ⌊16.7449⌋
open	0.605 [0.4758]	0.472 [0.5447]	4.284 ** [1.2944]	4.118 ** [1.3072]
lnDebt		−0.226 [0.4502]		−0.768 ** [0.8299]
_cons	82.76 *** [20.2683]	83.59 *** [20.3585]	77.56 ** [27.8121]	80.53 ** [28.0024]
N	341	341	341	341

注：表中方括号内的数值为稳健标准误，＊、＊＊、＊＊＊分别表示10%、5%、1%的显著性水平。

表 5-9 中的共有 4 列回归分析结果，第（1）列和第（2）列回归分析采用混合 OLS 回归，而第（3）列和第（4）列采用双向固定效应回归。第（1）列和第（3）列中不包含任何控制变量，第（2）列和第（4）列中加入了债务投入这一控制变量。稳健性检验的结果显示，财政分权的三项指标显著性的回归系数符号稳健，收入、支出和自主度指标的符号依次为正值、负值和正值；城镇化率指标显著为负值；市场化程度替换变量后其双向固定效应回归分析中系数不再显著，但符号仍然保持正值，可能的原因在于西藏地区 2009～2018 年的财政支出大于其 GDP，因而其 2009～2018 年度的市场化程度无法用新的计算方法替换，而是仍然沿用了之前的数据；对外开放程度采用其对数值后仍然显著为正值。

5.3　实证分析结论

综合上述对投入变量和环境变量的分析，可以得出两点结论。

第一，投入变量对地方政府债务过程绩效确实存在显著影响，总体而言，债务投入对过程绩效的影响为负值，已经出现了债务投入越多而债务绩效的经济性和效率性反而下降的现象。结合目前我国的现实状况，随着人口老龄化程度日益加深，我国的劳动力比较优势已经悄然发生了变化。过去资本稀缺而劳动力过剩的状况在地方政府投资领域似乎已经转变为资本过剩而劳动力稀缺。这一方面与地方政府的融资便利性有一定的关系，银行倾向于将资金贷款给有政府信用背书的地方融资平台公司而不是民营企业；另一方面也凸显了我国人口红利正在消退。过去有学者认为人口过多是"人口陷阱"，但事实证明"过剩人口，对于一个封闭的社会是绝对不利的，但对于一个开放的经济则是相对有利的"[①]。过去40余年中国的经济奇迹正是得益于劳动力的比较优势。分地区来看，东部地区和中部、西部地区的变化趋势有所不同，东部地区的债务投入系数由负转正，这说明2016年后随着国家和地方政府对债务绩效的重视，东部地区的债务资金使用状况有明显改善；而中西部地区的债务投入系数则表现为由正转负，在2008~2009年，中西部地区的债务投入系数均为正值，而随着债务投入规模的逐渐扩大，2009~2018年中西部地区的债务投入系数变为负值，中西部地区的债务投资规模扩大的同时，其债务资金使用的经济性和效率性却在下降，亟须管理效率的改善。

第二，不同环境变量对地方政府债务过程绩效的影响具有差异性。总体而言，财政收入分权度和财政自主度对过程绩效具有正向作用，而财政支出分权度对过程绩效具有不利影响。中国式分权的特征在于地方政府的财政支出分权度明显高于财政收入分权度，1994年分税制改革后，地方政府一直面临收入有限而支出刚性增加的困境。由于地方政府承担着经济建设事权，使地方债务的增加拥有了现实的迫切需求，具备了"灰色"发展空间。收入分权与支出分权的不匹配从现实中表现为地方政府举债融资进行基础设施投资等，从实证分

---

① 赵冈，陈钟毅. 中国经济制度史论 [M]. 北京：新星出版社，1979：56-68.

析中表现为两者对地方政府债务过程绩效存在显著的作用差异。财政自主度这一指标反映的是地方政府的财政自给自足能力，自主度越强，可支配财力资源充足，使地方政府得以进入"花自己钱给自己办事"的花钱象限中，其效率性和经济性也会相应地提高。但异质性分析结果显示，西部地区的财政收入和财政支出分权指标与东中部地区有所不同。对于东中部地区而言，提高收入分权度是促进过程绩效提高的手段，西部地区却恰好相反，提高收入分权度反而会对其过程绩效产生不利影响，主要原因在于西部地区税源有限，其年度财政收入均值仅有全国均值的 51.77%，占东部地区财政收入均值的 30.82%。因此给予西部地区和东中部地区同样的财权，也不能保证其获得同等的财力。市场化程度对过程绩效的回归系数显著稳定为正值，说明市场化程度越高，不仅能提高私人产品领域的资源配置效率，对于公共产品领域的资源配置效率也会产生一定的促进作用。城镇化率的作用显著表现为负值，但东部和西部地区的负值含义存在不同，西部地区是由于城镇化率太低导致地方政府提供公共产品无法产生规模效应，而东部地区则是因为过于拥挤而导致公共品成本升高。对外开放程度会显著促进地方政府债务的过程绩效，西部地区的这一促进作用目前还未发挥，但是西部地区具有"后发优势"，"一带一路"建设为西部地区提高对外开放程度提供了新机遇，西部地区已经从开放末端慢慢向开放前端转变。

本 章 小 结

第 5 章通过混合 OLS 回归和双向固定效应回归分析对投入变量和环境变量的基准回归模型进行了对比分析；在验证了时间和区域虚拟变量的显著性后通过固定效应模型对投入变量和环境变量的异质性回归模型进行了检验；并采取替换关键变量的方法对回归系数进行了

稳健性检验。基准回归分析结果表明，债务投入对过程绩效存在负向影响，这一实证结果表征了债务资金投入过多，造成债务资金使用的经济性和效率性下降的现实。环境变量中财政支出分权度与城镇化率对过程绩效的回归系数为负值，其他环境变量均能促进过程绩效的提升。异质性回归分析结果表明，西部地区与东中部地区的作用机理存在较大差异，政府在制定债务投融资政策时需要把当地资源禀赋和环境变量要素纳入分析框架，综合研判后因地制宜地确定具体方案。稳健性检验支持基准回归分析结果对样本总体的研究结论。

第6章 地方政府债务结果绩效影响因素的实证分析

地方政府债务结果绩效是对债务绩效效益性和公平性的综合评判，主要衡量的是地方债务投资所产生的经济和社会影响。地方政府债务结果绩效的变化趋势与过程绩效有着显著不同的特点，其背后的作用机理也不尽相同，第6章通过选取2008～2018年国内31个省级地方政府的面板数据，对第3章机理分析中所提出的假设3和假设4进行实证检验，从而进一步分析结果绩效的作用机理。

6.1 模型设定

假设3是在假定其他条件不变的情况下对内部因素债务产出变量的考察，而假设4是在假定其他条件不变的情况下对外部环境条件的考察。因而在后续分析中将会分别针对假设3和假设4构建模型进行检验。

6.1.1 模型构建

1. 针对假设3的模型构建

根据理论分析，构建模型如下：

$$\text{RESP}_{it} = \delta_0 + \delta_1 \text{Output}_{it} + \sum_{2}^{k} \delta_k Z_{it} + U_i^3 + \lambda_t^3 + \varepsilon_{it}^3 \quad (6.1)$$

其中，RESP 代表地方政府债务结果绩效，下标 it 代表 i 省（区、市，下同）在 t 年的结果绩效；δ 为偏回归系数；Output 代表地方政府的债务产出；Z 表示影响结果绩效的控制变量，分别是人口密度、老龄化程度和固定资产投资率；U_i^3 为个体固定效应，表示不随时间变化的地方政府个体特征；λ_t^3 为时点固定效应，表示不随地方政府个体变化的因素；ε^3 为残差项。

2. 针对假设 4 的模型构建

根据理论分析，构建模型如下：

$$\text{RESP}_{it} = \theta_0 + \theta_1 \text{RENK}_{it} + \theta_2 \text{Urban}_{it} + \sum_{3}^{k} \theta_k Z_{it} + U_i^4 + \lambda_t^4 + \varepsilon_{it}^4$$

$$(6.2)$$

其中，RESP 代表地方政府债务结果绩效，下标 it 代表 i 省（区、市，下同）在 t 年的结果绩效；θ 为偏回归系数；RENK 代表人口规模；Urban 代表城镇化率；Z 表示影响结果绩效的控制变量，分别是债务产出，市场化程度和对外开放程度；U_i^4 为个体固定效应；λ_t^4 为时点固定效应；ε^4 为残差项。

6.1.2　变量界定

1. 被解释变量

式（6.1）和式（6.2）的被解释变量都是地方政府债务结果绩效，结果绩效的具体度量是结果绩效评价值，结果绩效评价值是对地方政府债务绩效效益性和公平性的综合评判。

2. 解释变量

式（6.1）的解释变量是债务产出，债务产出的衡量指标与第 4 章一致，这里不再赘述。式（6.2）的解释变量是人口规模和城镇化率。人口规模采用各省常住人口数表示，城镇化率指标采用城镇人口占年末常住人口比例。

3. 控制变量

式（6.1）的控制变量为人口密度、老龄化程度和固定资产投资率。人口密度采用每平方千米的常住人口数进行衡量，其变量符号为 POPU；老龄化程度为 65 岁及以上人口数占本省全部人口数的比例，其变量符号为 Old。人口密度和老龄化程度是重要的人口变量，中位数选民模型中人口变量是影响市政公共品需求最重要的因素，因此，在对供给角度的债务产出进行回归分析时，必须控制对需求因素有关键影响的人口变量。固定资产投资率是指全社会固定资产投资占 GDP 的比重，反映固定资产投资对经济增长的贡献，其变量符号为 INVEST。逻辑模型框架指出，对效果层次的分析是为了指明债务投资，地方政府举债融资进行市政基础设施建设，其短期目标是实现经济增长和社会稳定，提高基本公共服务的可及性和普遍性，长远目标则是实现人的平等发展，提高全社会的公平性。全社会固定资产投资也是为了实现经济增长与促进社会稳定，是实现债务投资效果的重要外部条件。

式（6.2）的控制变量为债务产出、市场化程度与对外开放程度。债务产出的衡量方式与式（6.1）中一致，市场化程度和对外开放程度的衡量参照第 5 章的环境变量。债务产出是效果产生的内部因素，在考察外部环境条件时必须控制住债务产出的影响；式（6.2）的解释变量主要是与人口变量相关的因素，同时，在决定市政公共品均衡的外部环境中，市场化程度与对外开放程度也是极其重要的经济环境变量，改革开放 40 余年来中国经济的飞速发展正是得益于市场化程度和对外开放程度的不断提高。

6.1.3 数据来源

债务产出数据由第 4 章的测算所得；人口密度和人口规模数据

来源于中经网统计数据库分省年度宏观库；老龄化程度、全社会固定资产投资率、城镇化率、市场化程度、对外开放程度数据则根据国家统计局分省年度数据库数据进行简单计算所得。由于国家统计局数据库中未公布 2018 年全社会固定资产投资数据，因而 2018 年固定资产投资数据是根据 2019 年《中国统计年鉴》中的分地区固定资产投资比上年增长情况计算所得。所有数据的时间跨度为 2008 ～ 2018 年。

6.2　实证分析过程

在进行回归分析之前，对各变量进行描述性统计。式（6.1）和式（6.2）中涉及的变量共有 9 项，其描述性统计如表 6－1 所示。

表 6－1　　　　　　　　　变量描述性统计

变量	变量符号	均值	标准差	最小值	最大值	观测值
结果绩效	RESP	0.92568	0.36281	0.29769	2.04714	341
债务产出	Output	1763.93	1511.60	10.0000	12574.0	341
人口密度	POPU	2768.71	1199.12	515.000	5967.00	341
老龄化	Old	8.18113	1.71699	4.12541	12.4366	341
投资率	INVEST	0.76114	0.24997	0.23328	1.50703	341
人口规模	RENK	4373.64	2759.16	292.000	11346.0	341
城镇化率	Urban	54.3275	13.9404	21.9000	89.6000	341
市场化程度	Market	89.2913	3.13364	77.2660	94.4008	341
对外开放程度	Open	0.28216	0.33416	0.01684	1.69281	341

变量描述性统计分析显示，人口规模的标准差最大，然后为债务产出和人口密度。说明人口规模的数据波动性较大，这种波动性主要

来源于组间差距，描述性统计分析结果显示人口规模的组间标准差为
2798.04，而组内标准差 119.21，即不同省份之间人口规模差异巨
大，但同一省份不同年份之间差异不大。

6.2.1　基准回归分析

1. 对假设 3 的基准回归分析

债务产出对地方政府债务结果绩效的影响分析结果如表 6 - 2 所
示。表 6 - 2 所列示的回归分析结果共有 8 列，为了对比不同的回归
方法可能对结果产生的影响，前 4 列采用混合 OLS 回归，后 4 列采用
个体时点双向固定效应方法进行回归。第（1）~ 第（4）列混合 OLS
回归中依次为不加入控制变量和逐步加入人口密度、老龄化程度和固
定资产投资率三项控制变量，第（5）~ 第（8）列的双向固定效应分
析中，依次为不含控制变量的第（5）列回归和逐步加入控制变量的
第（6）~ 第（8）列回归。

表 6 - 2 的回归结果表明，混合 OLS 回归与双向固定效应回归之
间存在较为显著的差异。核心解释变量债务产出在混合 OLS 回归中
系数符号不稳健，存在正负变化；在双向固定效应回归中，债务产
出对结果绩效的回归系数显著，且 4 列回归结果都保持负向影响。
这一检验结果为假设 3 提供了数据证明，目前的债务产出从总体来
说确实存在超出真实需求的过度供给状况，所以对债务结果绩效的
影响为负值。人口密度变量在混合 OLS 回归和双向固定效应回归中
系数正好相反，混合 OLS 回归中，人口密度对结果绩效的回归系数
为负值，且第（2）列和第（3）列回归系数显著；而双向固定效
应回归中，人口密度对结果绩效的回归系数均显著为正值。老龄化
程度变量在混合 OLS 回归和固定效应回归中均显著为正值，固定资
产投资率在混合 OLS 回归中显著为负值，在固定效应回归中显著为
正值。

表6-2 债务产出对结果绩效基准回归结果

变量	(1)	(2)	(3)	(4)	(5)	(6)	(7)	(8)
Output	0.0000783 *** [0.0000]	0.0000783 *** [0.0000]	0.0000529 *** [0.0000]	0.0000416 *** [0.0000]	-0.000031 ** [0.0000]	-0.0000271 ** [0.0000]	-0.0000309 ** [0.0000]	-0.0000308 *** [0.0000]
POPU		-0.000019 [0.0000]	-0.000016 [0.0000]	-0.000012 [0.0000]		0.0000895 *** [0.0000]	0.0000810 *** [0.0000]	0.0000777 *** [0.0000]
Old			0.0714 *** [0.0108]	0.0605 *** [0.0103]			0.0804 *** [0.0122]	0.0705 *** [0.0101]
INVEST				-0.438 *** [0.0689]				0.599 *** [0.0504]
_cons	0.788 *** [0.0286]	0.841 *** [0.0516]	0.291 ** [0.0960]	0.724 *** [0.1135]	0.980 *** [0.0211]	0.726 *** [0.0761]	0.0985 [0.1188]	-0.268 ** [0.1031]
个体固定	否	否	否	否	是	是	是	是
时点固定	否	否	否	否	是	是	是	是
观测值	341	341	341	341	341	341	341	341
调整的 R^2	0.1038	0.1053	0.2063	0.2894	-0.0696	-0.0324	0.0928	0.3774

注：表中方括号内的数值为稳健标准误，**、***分别表示5%、1%的显著性水平。

混合估计模型假定不存在个体或者时间差异，因此其回归方程的截距和斜率项是完全相同的。而在该项研究中，不同省份之间、不同年份之间确实存在较大的差异，因而双向固定效应模型更为有效。两种回归方法的对比结果也证实了个体和时点固定效应的存在。从固定效应回归的第（8）列结果来看，在样本考察期内，债务产出对结果绩效的总体影响为负值。控制变量中人口密度、老龄化程度和固定资产投资率均对结果绩效有正向作用。人口密度越大，越有利于提高市政公共设施的利用率；人口老龄化程度提高，对于公共交通、医疗卫生等公共服务的需求也会提高，在产出过高的情况下，需求的增加有利于提高结果绩效；固定资产投资率提高，则投资对经济的拉动作用增强，有利于结果绩效的提高。对比表 6 - 2 与表 5 - 2 中的人口密度变量的回归系数可以发现，人口密度对过程绩效的回归系数显著为负值，而对结果绩效的回归系数显著为正值。

2. 对假设 4 的基准回归分析

外部环境变量对地方政府债务结果绩效的影响分析结果如表 6 - 3 所示。

为了对比不同的回归方法可能对结果产生的影响，仍然采用混合OLS 回归和双向固定效应分析两种方法进行实证检验。表 6 - 3 中前4 列为 POOL 回归，而后 4 列为固定效应回归，第（1）列为只含有核心解释变量人口规模和城镇化率的 POOL 回归，而第（2）~ 第（4）列依次增加了市场化程度、对外开放程度和债务产出作为控制变量；第（5）列为只含有核心解释变量的固定效应回归，而第（6）~第（8）列依次增加了市场化程度、对外开放程度和债务产出作为控制变量。两种回归方法下，核心解释变量和控制变量的回归系数都表现出高度稳健性。除债务产出变量和对外开放程度的 POOL 回归外，其他变量的回归系数均在 1% 的水平上显著。其中，人口规模和城镇化率对结果绩效具有显著正向作用，验证了假设 4 的正确性。控制变量中市场化程度和对外开放程度对结果绩效具有显著负向作用，

表6-3　外部环境变量对结果绩效基准回归结果

变量	(1)	(2)	(3)	(4)	(5)	(6)	(7)	(8)
RENK	0.0000622*** [0.0000]	0.0000676*** [0.0000]	0.0000710*** [0.0000]	0.0000724*** [0.0000]	0.000615*** [0.0001]	0.000568*** [0.0001]	0.000362*** [0.0001]	0.000340*** [0.0001]
Urban	0.0201*** [0.0006]	0.0186*** [0.0008]	0.0204*** [0.0010]	0.0204*** [0.0010]	0.0266*** [0.0016]	0.0230*** [0.0017]	0.0260*** [0.0015]	0.0264*** [0.0015]
Market		-0.0127*** [0.0037]	-0.0172*** [0.0039]	-0.0170*** [0.0039]		-0.0228*** [0.0041]	-0.0166*** [0.0038]	-0.0158*** [0.0038]
Open			-0.132** [0.0419]	-0.128** [0.0425]			-0.495*** [0.0581]	-0.505*** [0.0583]
Output				-0.00000406 [0.0000]				-0.00000718 [0.0000]
_cons	-0.438*** [0.0387]	0.756* [0.3489]	1.077** [0.3591]	1.064** [0.3605]	-3.209*** [0.1943]	-0.77 [0.4784]	-0.449 [0.4324]	-0.426 [0.4316]
个体固定	否	否	否	否	是	是	是	是
时点固定	否	否	否	否	是	是	是	是
观测值	341	341	341	341	341	341	341	341
调整的 R^2	0.7976	0.8039	0.8089	0.8085	0.7488	0.7709	0.8142	0.8151

注：表中方括号内的数值为稳健标准误，*、**、***分别表示10%、5%、1%的显著性水平。

与其对过程绩效的作用方向正好相反。债务产出对结果绩效的回归系数为负值，但在环境变量的分析中，债务产出的回归系数并不显著。对比表 6 – 3 与表 5 – 3 可以发现，城镇化率、市场化程度和对外开放程度对过程绩效和结果绩效的作用方向是截然不同的。

总结上述实证检验中的环境变量因素，对过程绩效和结果绩效有着不同作用方向的变量，如表 6 – 4 所示。

表 6 – 4　　　　　环境变量对过程绩效与结果绩效的不同影响

环境变量	被解释变量	
	过程绩效	结果绩效
人口密度	负向	正向
城镇化率	负向	正向
市场化程度	正向	负向
对外开放程度	正向	负向

注：根据第 5 章和第 6 章的回归分析结果整理。

表 6 – 4 显示人口密度和城镇化率对过程绩效具有负向影响，人口密度越大、城镇化率越高对市政公共品的需求越大，地方政府提供公共品的数量增多，其结果绩效提高，但其过程绩效下降；市场化程度和对外开放程度越高，对地方政府公共服务效率具有重要的促进作用，但同时也会使竞争加剧，导致收入差距增大、经济波动性增大从而使结果绩效下降。

6.2.2　中介效应检验与门槛回归分析

对比债务产出变量与外部环境变量的回归结果可以发现，债务产出变量基准回归调整的 R^2 为 0.3774，而外部环境变量基准回归分析中其调整的 R^2 为 0.8151。说明债务产出对结果绩效的拟合优度低于环境变量。由于结果绩效的衡量指标中效益性指标是经济增长和就业人数，而公平性指标主要是城乡收入差距和消费差距的减少，债务产出无法直接对上述指标发挥作用。因此考虑债务产出对结果绩效的影响需要通过中介变量来进行。

1. 中介效应检验

债务产出是地方政府债务投资所取得的基础设施建设成就，一直以来，基础设施被认为是经济发展的前提条件，保罗·罗森斯坦—罗丹（Paul Rosenstein – Rodan）提出的大推进理论指出，不发达国家的经济增长就像飞机在跑道上起飞需要加速度一样，经济的起飞也需要大规模的投资来作为推动力，基础设施建设就是社会发展的先行资本。沃尔特·惠特曼·罗斯托（Walt Whitman Rostow）也把基础设施投资看作经济发展的先行资本，其认为生产性投资占国民收入比例达10%以上是经济飞速发展的必备条件之一。国内也有众多学者研究基础设施建设与经济增长之间的关系，然而基础设施究竟通过何种渠道对经济和社会发展发挥作用需要进一步的分析和探讨。

债务产出对结果绩效的影响可能通过两种机制来进行：一是直接效应，即债务产出本身所代表的是政府投资的增加，直接成为国内生产总值的组成部分；二是间接效应，即债务产出增加使社会投资环境改善，人员和物资的流通成本降低，产业结构得到改善，市场化程度提高，对外开放程度提高，从而提高结果绩效。而且从两个基准回归结果来看，其间接效应更大，对结果绩效的拟合优度更好。借鉴温忠麟等（2014）所提出的中介效应检验程序，以产业结构（Structure）、市场化程度（Market）、对外开放程度（Open）作为中介变量，设计检验方程组（6.3a）、方程组（6.3b）、方程组（6.3c）：

$$\text{RESP}_{it} = \lambda \text{Output}_{it} + Z_{it} + U_i^5 + \lambda_t^5 + \varepsilon_{it}^5 \qquad (6.3a)$$

$$M_{it} = \rho \text{Output}_{it} + Z_{it} + U_i^6 + \lambda_t^6 + \varepsilon_{it}^6 \qquad (6.3b)$$

$$\text{RESP}_{it} = \lambda' \text{Output}_{it} + \varphi M_{it} + Z_{it} + U_i^7 + \lambda_t^7 + \varepsilon_{it}^7 \qquad (6.3c)$$

其中，RESP_{it}表示地方政府债务结果绩效；Output_{it}表示地方政府债务产出；Z_{it} 代表控制变量，此处采用人口密度作为控制变量；U_i^5、U_i^6 和 U_i^7 代表个体固定效应；M_{it} 表示中介变量，依次采用产业结构、市场化程度和对外开放程度作为中介变量；ε_{it}^5、ε_{it}^6 和 ε_{it}^7 代表误差项。

　　对上述方程组进行中介效应检验，中介效应检验步骤如图 6 - 1 所示。

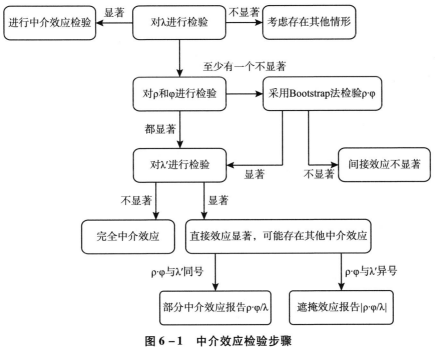

图 6 - 1　中介效应检验步骤

　　根据图 6 - 1 所示的中介检验步骤，依次将方程组（6.3）的中介变量替换为产业结构（Structure）、市场化程度（Market）、对外开放程度（Open）进行参数估计，产业结构（Structure）的中介效应检验结果如表 6 - 5 所示。

表 6 - 5   产业结构中介效应检验结果

估计系数	λ	ρ	λ′和 φ
被解释变量	RESP	Structure	RESP
Output	− 0. 0000271 *** （ − 2. 63）	− 0. 0001441 （ − 0. 52）	− 0. 0000234 *** （ − 3. 09）
Structure			0. 025176 *** （16. 09）
POPU	0. 0000895 *** （3. 48）	0. 0016647 ** （2. 41）	0. 0000476 ** （2. 49）
Bootstrap （1000） 检验	bs_1：r（ind_eff）　 − 0. 0000185 ** ［ − 2. 24］ bs_2：r（dir_eff）　 0. 0000968 *** ［5. 29 ］		
中介效应	显著，部分中介效应		
中介效应占总效应的比例	13. 39%		

注：（1）系数 λ 是债务产出对地方政府债务结果绩效的总效应，系数 λ′是债务产出对地方政府债务结果绩效的直接效应，系数 ρ 是债务产出对产业结构的效应，系数 φ 是产业结构对地方政府债务结果绩效的效应；（2） *** 表示在 1% 水平上显著， ** 表示在 5% 水平上显著；（3）小括号内为 t 值，方括号内为 z 值。

上述分析结果显示，产业结构的中介效应显著，且 ρ · φ 与 λ′同号，属于部分中介效应，中介效应占总效应的比例为 13. 39%。同理可以验证市场化程度（Market）和对外开放程度（Open）的中介效应，结果如表 6 - 6 和表 6 - 7 所示。

表 6 - 6   市场化程度中介效应检验结果

估计系数	λ	ρ	λ′和 φ
被解释变量	RESP	Market	RESP
Output	− 0. 0000271 *** （ − 2. 63）	0. 0002031 ** （2. 56）	− 0. 0000115 （ − 1. 37）
Market			− 0. 0767598 *** （ − 12. 90）

续表

估计系数	λ	ρ	λ′和 φ
被解释变量	RESP	Market	RESP
POPU	0.0000895 *** (3.48)	− 0.000483 ** (− 2.43)	0.0000525 ** (2.50)
Bootstrap 检验	bs_1：r(ind_eff)　　− 0.0000252 ***　[− 2.90] bs_2：r(dir_eff)　　0.0001035 ***　[5.36]		
中介效应	显著，部分中介效应		
中介效应占总效应的比例	57.53%		

注：（1）系数 λ 是债务产出对地方政府债务结果绩效的总效应，系数 λ′是债务产出对地方政府债务结果绩效的直接效应，系数 ρ 是债务产出对市场化程度的效应，系数 φ 是市场化程度对地方政府债务结果绩效的效应；（2） *** 表示在 1% 水平上显著，** 表示在 5% 水平上显著；（3）小括号内为 t 值，方括号内为 z 值。

表 6 - 7　　　　　　　　　对外开放程度中介效应检验结果

估计系数	λ	ρ	λ′和 φ
被解释变量	RESP	Open	RESP
Output	− 0.0000271 *** (− 2.63)	0.00000518 (1.03)	− 0.000022 ** (− 2.43)
Open			− 0.9861033 *** (− 9.61)
POPU	0.0000895 *** (3.48)	− 0.0000199 (− 1.59)	0.0000699 *** (3.08)
Bootstrap 检验	bs_1：r(ind_eff)　　0.0000198 **　[2.10] bs_2：r(dir_eff)　　0.0000585 ***　[2.92]		
中介效应	显著，部分中介效应		
中介效应占总效应的比例	18.85%		

注：（1）系数 λ 是债务产出对地方政府债务结果绩效的总效应，系数 λ′是债务产出对地方政府债务结果绩效的直接效应，系数 ρ 是债务产出对对外开放程度的效应，系数 φ 是对外开放程度对地方政府债务结果绩效的效应；（2） *** 表示在 1% 水平上显著，** 表示在 5% 水平上显著；（3）小括号内为 t 值，方括号内为 z 值。

表 6 - 6 显示，市场化程度的中介效应显著，且 $\rho \cdot \varphi$ 与 λ' 同号，属于部分中介效应，中介效应占总效应的比例为 57.53%。表 6 - 7 结果显示，对外开放程度的中介效应显著，且 $\rho \cdot \varphi$ 与 λ' 同号，属于部分中介效应，中介效应占总效应的比例为 18.85%。

综上所述，产业结构、市场化程度和对外开放程度都是债务产出对结果绩效发生作用的中介变量，其中，市场化程度的中介效应比例最高，债务产出通过市场化程度对结果绩效发挥效应的比例为 57.53%，然后为对外开放程度，其中，介效应占总效应的比例为 18.85%，产业结构的中介效应占比为 13.39%。表 6 - 6 中债务产出对市场化程度的回归系数显著为正值，说明债务产出越高，越有利于提高市场化程度。

2. 门槛回归分析

由于债务产出通过中介变量对结果绩效发挥作用，那么中介变量变动性较大时必然会对债务产出的作用效果产生影响。依次将产业结构、市场化程度和对外开放程度作为门槛变量，进行门槛回归分析。

（1）产业结构门槛效应。采用 Bootstrap 自抽样法对产业结构的门槛效应进行检验，结果如表 6 - 8 所示。

表 6 - 8　　　　　　　　产业结构门槛效应检验结果

门槛效应	F 值	P 值	10% 显著性水平	5% 显著性水平	1% 显著性水平
单门槛	135.45	0.0067	82.0065	92.1143	107.7581
双门槛	33.66	0.0000	19.0334	22.7786	29.5972
三门槛	14.73	0.9533	46.195	52.277	58.5938

表 6 - 8 显示确实存在产业结构的门槛效应，并且为双门槛效应，门槛效应在 1% 的水平上显著，其 P 值为 0.0000，三门槛效应不显著。进一步对门槛值进行检验，采用 LR 似然比检验统计量，结果如表 6 - 9 和图 6 - 2 所示。

表 6 - 9　　　　　　　　　产业结构门槛值检验结果

模型	门槛值	95% 置信区间	
单门槛 - 1	41.40	41.30	41.4063
双门槛 - 21	41.40	41.25	41.4063
双门槛 - 22	45.70	45.50	45.77

表 6 - 9 显示，产业结构存在两个门槛值，第一个门槛值是 41.40，而第二个门槛值是 45.70。

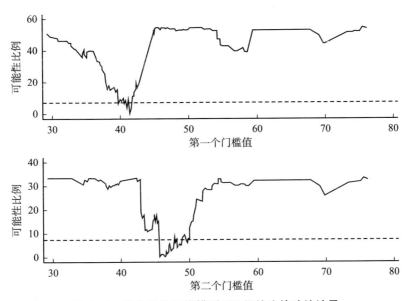

图 6 - 2　产业结构门槛模型 LR 似然比检验统计量

明确了产业结构的门槛值，则可建立面板门槛回归模型，即：

$$RFSP_{lt} = \phi_0 + I(Structure \leqslant \gamma_1)\phi_1 Output_{it} + I(\gamma_1 < Structure \leqslant \gamma_2)\phi_2 Output_{it}$$

$$+ I(Structure > \gamma_2)\phi_3 Output_{it} + \sum_4^k \phi_k Z_{it} + U_i^8 + \lambda_t^8 + \varepsilon_{it}^8 \quad (6.4)$$

其中，I(·) 为示性函数；Structure 为门槛变量；γ_1、γ_2 为门槛值，且 $\gamma_1 < \gamma_2$。根据上面的分析 $\gamma_1 = 41.4$，$\gamma_2 = 45.7$。当门槛变量值满足括号内条件时，则 I(·) = 1，否则 I(·) = 0。Z_{it} 为控制变量，

仍采用人口密度作为控制变量；U_i^8 为个体固定效应；λ_t^8 为时点固定效应；ε^8 为残差项。

对式（6.4）进行面板门槛效应回归分析，结果如表6-10所示。

表6-10   产业结构为门槛变量的回归结果

变量	系数	标准误	P值	95% 置信区间	
POPU	0.0000627	0.0000210	0.003	0.0000214	0.0001040
Output · I （Structure ≤ 41.4）	−0.0000932	0.0000101	0.000	−0.0001131	−0.0000734
Output · I （41.4 < Structure ≤ 45.7）	−0.0000237	0.0000099	0.017	−0.0000432	−0.0000042
Output · I （Structure > 45.7）	0.0000314	0.0000100	0.002	0.0000117	0.00005110
_cons	0.8211766	0.0619083	0.000	0.6993568	0.94299630

表6-10数据显示在第三产业占比低于41.4%时，债务产出对结果绩效的回归系数显著为负值，在第三产业占比高于41.4%而低于45.7%时，债务产出对结果绩效的回归系数仍然显著为负值，但绝对值明显降低了，而当第三产业占比高于45.7%时，债务产出对结果绩效的回归系数显著为正值。债务产出通过产业结构高级化对结果绩效发生作用，同时随着产业结构的升级，债务产出对结果绩效的作用由负转正。新古典增长理论将经济增长归结为资本和劳动投入增加以及技术水平的进步，而结构经济学认为，结构效应是经济增长的重要源泉，产业结构变动不仅可以带来经济的增长效应，而且还能使经济增长方式实现集约型转变。新结构经济学认为，经济要实现长期增长，必须按照内生的要素禀赋结构来发展具有比较优势的产业，而不是一味地向他人借鉴。要素禀赋结构和比较优势并不是固定不变的，政府要相应地做好"硬"的基础设施和"软"的制度配套措施，

从而降低交易成本，形成核心竞争力①。基础设施的完善对产业结构的优化具有重要影响，同时又通过产业结构的优化升级对结果绩效发生非线性的作用方式，基准回归结果显示，目前我国地方政府的债务产出对结果绩效的影响总体为负值，这是因为当前我国仍处于产业结构不断优化调整的过程中，2014 年及以前的第三产业占比均低于45.7% 的门槛值，未来随着产业结构进一步升级，债务产出对结果绩效的正向作用会更加凸显。

（2）市场化程度门槛效应。采用 Bootstrap 自抽样 300 次对市场化程度的门槛效应进行检验，检验结果如表 6 - 11 所示。表 6 - 11 显示市场化程度存在门槛效应，其单门槛效应在 1% 的水平上显著，其 P 值为0.0067，双门槛和三门槛效应均不显著。

表 6 - 11　　　　　　市场化程度门槛效应检验结果

门槛效应	F 值	P 值	10% 显著性水平	5% 显著性水平	1% 显著性水平
单门槛	61.71	0.0067	45.2867	49.996	58.7224
双门槛	28.83	0.2667	40.0477	51.1303	69.1654
三门槛	27.36	0.9967	95.3219	101.6803	111.9840

进一步对门槛值进行检验，采用 LR 似然比检验统计量，结果如表 6 - 12 和图 6 - 3 所示。

表 6 - 12　　　　　　市场化程度门槛值检验结果

模型	门槛值	95% 置信区间	
单门槛 - 1	89.5059	89.1380	89.5156

表 6 - 12 显示，市场化程度存在一个门槛值，为 89.5059，由于我们对市场化程度的衡量指标所采用的是 1 - 财政收入占 GDP 的比重，

① 林毅夫. 如何理解新结构经济学与世界经济发展. 长安街读书会［EB/OL］.［2020 - 03 - 20］. https：//finance. sina. com. cn/world/gjcj/2020 - 03 - 20/doc - iimxyqwa2032659. shtml.

因此这一指标也反映了政府对资源配置的干预程度。

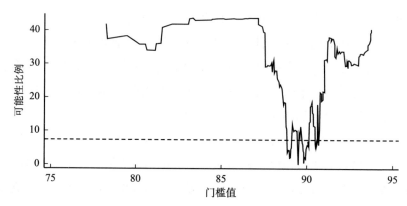

图 6 - 3　市场化程度门槛模型 LR 似然比检验统计量

明确了市场化程度的门槛值，则可建立面板门槛回归模型，即：

$$RESP_{it} = \varphi_0 + I(Market \leq \gamma)\varphi_1 Output_{it} + I(Market > \gamma)\varphi_2 Output_{it}$$

$$+ \sum_{3}^{k} \varphi_k Z_{it} + U_i^9 + \lambda_t^9 + \varepsilon_{it}^9 \qquad (6.5)$$

其中，$I(\cdot)$ 为示性函数；Market 为门槛变量；γ 为门槛值，根据门槛值检验结果，$\gamma = 89.5059$。当门槛变量值满足括号内条件时，则 $I(\cdot) = 1$，否则 $I(\cdot) = 0$。Z_{it} 为控制变量，仍采用人口密度作为控制变量；U_i^9 为个体固定效应；λ_t^9 为时点固定效应；ε^9 为残差项。

对式（6.5）进行面板门槛效应回归分析，结果如表 6 - 13 所示。

表 6 - 13　　　　　市场化程度为门槛变量的回归结果

变量	系数	标准误	P 值	95% 置信区间	
POPU	0.0000627	0.0000210	0.003	0.0000214	0.0001040
Output · I (Market ≤ 89.5059)	0.0000159	0.0000105	0.133	− 0.0000048	0.0000366
Output · I (Market > 89.5059)	− 0.0000448	0.0000085	0.000	− 0.0000615	− 0.000028
_cons	0.8211766	0.0619083	0.000	0.6993568	0.94299630

表 6 - 13 数据显示，在市场化程度低于 89.5059 的门槛值时，债务产出对结果绩效的影响为正值，但不具备统计学意义上的显著性，而当市场化程度高于 89.51 时，债务产出对结果绩效的回归系数显著为负值。市场化程度越高，意味着地方财政收入占 GDP 的比值越低，政府对资源分配的干预程度越低。上述回归结果说明，对于地方政府债务投资领域而言，政府对市场的适度干预是非常有必要的，因为债务投资领域均为基础设施领域，是发挥资源禀赋和比较优势的重要支撑，因而积极有为的政府对于债务产出正向作用的发挥有着重要的推动作用。市场经济是受利益驱动的竞争性经济，其竞争的基本法则是优胜劣汰，市场机制对于经济发展水平不同的地区而言其激励作用是完全不同的，差异化的激励作用会导致区域发展两极分化的"马太效应"。一方面资本和人力等生产要素资源总是流向利润率高、能够获得最高边际报酬的地区和产业；另一方面经济欠发达的地区基础设施不足、产业结构以利润率偏低的农业为主，不仅无法吸引其他辖区的生产要素，而且本辖区较高素质的劳动力和有限的资金还常常反过来流向发达地区，从而有可能在一定的时期内进一步加剧区域不平衡的状况。这也从另一个角度说明市场经济条件下有为政府的重要性，地方政府应当在债务投资领域起到统筹引领作用。

（3）对外开放程度门槛效应。仍然采用 Bootstrap 自抽样 300 次的方法检验对外开放程度的门槛效应，检验结果如表 6 - 14 所示。表 6 - 14 显示对外开放程度存在双门槛效应，其单门槛效应在 1% 的水平上显著，其 P 值为 0.0000，双门槛效应在 10% 的水平上显著，其 P 值为 0.0800，三门槛效应不显著。

进一步对门槛值进行检验，采用 LR 似然比检验统计量，结果如表 6 - 15 和图 6 - 4 所示。

表 6 – 14　　　　　对外开放程度门槛效应检验结果

门槛效应	F 值	P 值	10% 显著性水平	5% 显著性水平	1% 显著性水平
单门槛	28. 18	0. 0000	15. 8337	18. 2356	20. 6761
双门槛	18. 96	0. 0800	18. 5302	20. 3998	23. 4772
三门槛	11. 83	0. 1667	20. 0672	38. 8237	53. 8179

表 6 – 15　　　　　对外开放程度门槛值检验结果

模型	门槛值	95% 置信区间	
单门槛 – 1	0. 5706	0. 5367	0. 5797
双门槛 – 21	0. 5706	0. 5367	0. 5797
双门槛 – 22	0. 0796	0. 0767	0. 0801

　　表 6 – 15 显示，对外开放程度存在两个门槛值，采用 LR 似然比检验统计量方法找到的第一个门槛值为 0. 5706，第二个门槛值为 0. 0796。

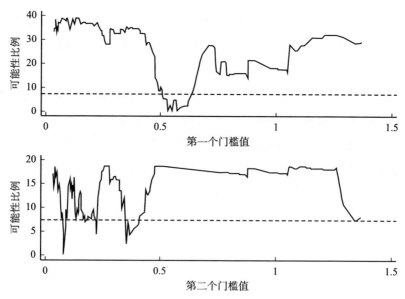

图 6 – 4　对外开放程度门槛模型 LR 似然比检验统计量

明确了对外开放程度的门槛值，则可建立面板门槛回归模型，即：

$$RESP_{it} = \mu_0 + I(Open \leqslant \gamma_1)\mu_1 Output_{it} + I(\gamma_1 < Open \leqslant \gamma_2)\mu_2 Output_{it}$$
$$+ I(Open > \gamma_2)\mu_3 Output_{it} + \sum_4^k \mu_k Z_{it} + U_i^{10} + \lambda_t^{10} + \varepsilon_{it}^{10} \quad (6.6)$$

其中，$I(\cdot)$ 为示性函数；Open 为门槛变量；γ_1、γ_2 为门槛值，且 $\gamma_1 < \gamma_2$。根据上面的分析 $\gamma_1 = 0.0796$，$\gamma_2 = 0.5706$。当门槛变量值满足括号内条件时，则 $I(\cdot) = 1$，否则 $I(\cdot) = 0$。Z_{it} 为控制变量；U_i^{10} 为个体固定效应；λ_t^{10} 为时点固定效应；ε^{10} 为残差项。

对式（6.6）进行面板门槛效应回归分析，结果如表 6 – 16 所示。

表 6 –16 　　　　　对外开放程度为门槛变量的回归结果

变量	系数	标准误	P 值	95% 置信区间	
POPU	0.0000944	0.0000245	0.000	0.0000463	0.0001426
Output · I （Open≤0.0796）	– 0.0000443	0.0000201	0.028	– 0.000084	– 0.0000047
Output · I （0.0796 < Open≤0.5706）	0.0000317	0.0000138	0.022	0.0000046	0.0000587
Output · I （Open > 0.5706）	– 0.0000535	0.0000116	0.000	– 0.0000764	– 0.0000306
_cons	0.6584901	0.0727370	0.000	0.5153622	0.8016181

表 6 – 16 数据显示，在对外开放程度低于 7.96% 的门槛值时，债务产出对结果绩效的影响显著为负值，在对外开放程度处于 7.96% ~57.06% 时，债务产出对结果绩效的影响显著为正值，而当对外开放程度高于 57.06% 时，债务产出对结果绩效的回归系数又转为负值。对外开放程度较低时，说明参与国际分工的程度较低，无法实现人员、物资等生产要素的自由流动，难以充分利用国内、国际两个市场，而当对外开放程度较高时，则容易受到外部风险的波及。北

京大学何帆教授认为，对外开放程度并不是越高越好，开放程度的大小与政府的管理能力密切相关，特定国家在特定时期内应当选择合适的开放度①。上述回归结果用数据证明了最优对外开放程度的存在，更高的对外开放程度意味着要参与更多的国际竞争和承受更大的国际风险，对于地方政府的执政能力也是一种考验，不能盲目追求对外开放程度的提高而忽视了自身行稳致远的能力。

6.2.3　稳健性检验

1. 对债务产出的稳健性检验

采用固定效应方法对债务产出进行基准回归分析时，其回归系数稳健表现为负值，采用中介效应进行分析时，其回归系数也一直为负值，可见其回归结果稳健可信。但在门槛效应分析中，其回归结果有随着门槛变量值的变化而发生正负交替的现象。可见，尽管从样本总体来看，债务产出对结果绩效的影响为负值，但如果按照门槛变量进行分样本回归其样本回归系数会有显著变化。

以产业结构为例进行分样本回归，按照产业结构的两个门槛值将所有样本分为三个子样本。回归结果如表 6-17 所示。按照产业结构进行分样本回归的结果显示，在超过第二个门槛值后，债务产出对结果绩效的影响由负转正，与门槛回归的结论一致。

表 6-17　　　　　债务产出按产业结构分类的异质性回归

变量	产业结构 ≤ 41.4	41.4 < 产业结构 ≤ 45.7	产业结构 > 45.7
Output	-0.000166 *** [0.0001]	-0.000407 ** [0.0002]	0.000279 * [0.0002]

---

① 范思立. 全球化程度应与国家管控能力相匹配——访北京大学汇丰商学院教授何帆（上）. 中国经济时报 [EB/OL]. [2017-03-22]. https：//www.sohu.com/a/129708214_115495.

续表

变量	产业结构≤41.4	41.4<产业结构≤45.7	产业结构>45.7
Output × Structure	0.00000425 *** [0.0000]	0.00000954 ** [0.0000]	−0.00000485 * [0.0000]
_cons	0.207 * [0.0842]	0.851 *** [0.1654]	1.092 *** [0.1705]
控制变量	控制	控制	控制
观测值	155	65	121

注：表中方括号内的数值为稳健标准误，*、**、***分别表示10%、5%、1%的显著性水平。

2. 对外部环境变量的稳健性检验

对外部环境变量的稳健性检验采用替换关键变量法进行，将人口规模指标进行取对数处理，变量符号记为 renk，城镇化率用人口密度指标来进行替换，变量符号记为 urban。稳健性检验结果如表 6-18 所示。

表6-18　　　　　　　　　外部环境变量的稳健性检验

变量	(1)	(2)	(3)	(4)
renk	3.952 *** [0.2340]	2.960 *** [0.2778]	2.422 *** [0.3043]	2.407 *** [0.3044]
urban	0.0000457 * [0.0000]	0.0000383 * [0.0000]	0.0000372 * [0.0000]	0.0000355 * [0.0000]
_cons	−31.26 *** [1.8906]	−19.85 *** [2.6291]	−15.31 *** [2.8180]	−15.23 *** [2.8173]
控制变量	不控制	控制	控制	控制
观测值	341	341	341	341

注：表中方括号内的数值为稳健标准误，*、***分别表示10%、1%的显著性水平。

表 6－18 中的共有 4 列回归分析结果，第（1）列回归中不包含任何控制变量，第（2）列中加入了市场化程度这一控制变量，第（3）列在第（2）列的基础上又增加了对外开放程度控制变量，第（4）列进一步增加了债务产出作为控制变量。稳健性检验的结果显示，人口规模和城镇化率的回归系数符号稳健，均显著为负值，与基准回归分析结论一致。

6.3　实证分析结论

综合上述对债务产出变量和外部环境变量的实证分析，可以得出三点结论。

首先，债务产出变量对地方政府债务结果绩效存在显著的负向影响。地方政府债务产出相对于当前的公共服务需求而言存在过度供给，这是导致其正向作用不显著的最重要原因。地方政府在提供地方公共产品时具有信息占有量多、反应速度快等比较优势。但是，由于受到官员晋升目标和绩效考核机制的双重约束，地方政府总是倾向于多提供显性的、生产性的地方公共产品，而打破预算约束的债务融资、预算外收入等因素更是放大了这种供求失衡的状况。

其次，债务产出变量对地方政府债务结果绩效的影响通过两种机制来实现，一是债务产出本身直接成为国内生产总值的组成部分；二是间接通过产业结构、市场化程度和对外开放程度等中介变量作用于结果绩效，并且其作用大小和方向会随着中介变量水平的变动而发生转变。产业结构的逐步升级会带来债务产出对结果绩效的作用由负转正；市场化程度的提高会使债务产出对结果绩效的作用由正转负，这一结论的政策启示是对于市政公共产品投资领域来说，地方政府的积极干预具有重要意义；对外开放程度具有双重门槛效应，在低于第一个门槛值时，债务产出对结果绩效的作用为负值，在第一门槛值与第二门槛值之间，债务产出对结果绩效的作用为正值，而超过第二门槛值之后，其作用又变为不利影响，这说明对于债务产出的正向作用而言，对外开放程度具有最优区间，在当前其他经济条件不变的前提下，对外开放程度处于 7.96% ~ 57.06% 时，债务产出对结果绩效的影响显著为正值。

最后，外部环境变量会显著影响地方政府债务结果绩效。人口规模和城镇化率均对结果绩效具有正向作用。债务产出对结果绩效发挥作用需要具备重要的外部条件，而其中最重要的因素就是人口变量因素，在地方政府倾向于过度供给生产性、外显性公共产品的情景下，逐步增加分享公共产品的人口规模是向供求均衡趋近的绝佳路径。

本 章 小 结

第 6 章首先采用混合 OLS 和双向固定效应回归方法，对债务产出和外部环境变量对债务结果绩效的影响进行了基准回归分析；其次通过对比债务产出与外部环境变量基准回归结果，发现债务产出的拟合优度低于环境变量，因此采用中介效应检验的方法验证了债务产出通过产业结构、市场化程度和对外开放程度对结果绩效发挥作用；再次验证了三个中介变量均存在门槛效应，产业结构和对外开放程度具有双门槛效应，市场化程度具有单门槛效应；最后对债务产出和外部环境变量进行了回归系数的稳健性检。

第7章 地方政府债务绩效存在的问题及原因分析

通过对地方政府债务绩效的综合测算以及对其影响因素的实证分析，发现地方政府债务绩效存在一些突出问题，比如债务过程与结果绩效的地区差距明显，环境因素对过程绩效和结果绩效的作用方向迥然不同等。第7章在分析地方政府债务绩效存在问题的基础上，进一步找出引发这些问题产生的深层次原因。

7.1 地方政府债务绩效存在的问题

地方政府债务绩效存在地区差距，这一差距主要源于区域内差距，而不是区域间差距；过程绩效与结果绩效有着显著不同的变动趋势，过程绩效的时间序列趋势表现为波动式下降，而结果绩效的时间序列趋势表现为稳步提高，两者之间存在难以兼得的关系。

7.1.1 地方政府债务绩效区域差距显著

地方政府债务过程绩效和结果绩效均存在显著的地区差距，并且这种地区差距主要不是区域间差距而是区域内差距。为了更为定量地刻画地区之间的差距水平，采用泰尔指数法分别对过程绩效和结果绩效进行分解检验。

泰尔指数及其分解的具体步骤如下：政府债务绩效的总差距为 T_t，反映国内 31 个省级行政区域（不含港、澳、台地区）之间的债务绩效差距，依据链式法则可分解为区域内（T_w）和区域间（T_b）差距，即：

$$T_t = \sum_i \sum_j \frac{P_{ij}}{P} \ln \frac{P_{ij}/P}{N_{ij}/N} \tag{7.1}$$

将式（7.1）进行分解可得：

$$T_t = \sum_i \frac{P_i}{P} \sum_j \frac{P_{ij}}{P_i} \ln \frac{P_{ij}/P_i}{N_{ij}/N_i} + \sum_i \frac{P_i}{P} \ln \frac{P_i/P}{N_i/N} = T_w + T_b$$

$$T_w = \sum_i \frac{P_i}{P} \sum_j \frac{P_{ij}}{P_i} \ln \frac{P_{ij}/P_i}{N_{ij}/N_i} \tag{7.2}$$

$$T_b = \sum_i \frac{P_i}{P} \ln \frac{P_i/P}{N_i/N} \tag{7.3}$$

其中，P、P_i 和 P_{ij} 分别代表全国的地方政府债务绩效、第 i 个地区的债务绩效和第 i 个地区第 j 省的债务绩效，相应地，N、N_i 和 N_{ij} 分别代表全国、第 i 个地区和第 i 个地区第 j 省的常住人口数。

根据分解结果进一步计算区域内和区域间差距对地区差距的贡献程度，即：

$$区域内差距的贡献度 D_w = \frac{T_w}{T_t} \times 100\% \tag{7.4}$$

$$区域间差距的贡献度 D_b = \frac{T_b}{T_t} \times 100\% \tag{7.5}$$

将国内 31 个省级地方政府按照东中西部地区的分类方法对债务过程绩效进行泰尔指数分解计算，2008～2018 年地方政府债务过程绩效的泰尔指数及其分解后的区域内和区域间差距变动趋势如图 7-1 所示。

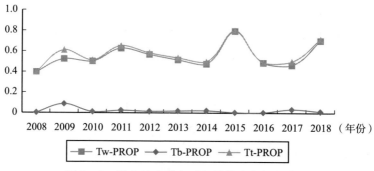

图7-1　地方政府债务过程绩效泰尔指数趋势

图7-1中Tw-PROP、Tb-PROP和Tt-PROP分别表示地方政府债务过程绩效的区域内、区域间和总体差距。过程绩效的地区差距一直处于波动趋势中，并且区域内的差距远远大于区域间差距。进一步考察东中西部地区的过程绩效泰尔指数变化趋势，如图7-2所示。

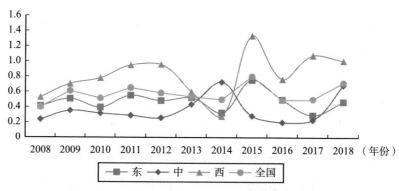

图7-2　全国及东中西部地区过程绩效泰尔指数趋势

图7-2显示，西部地区不同地方政府之间的过程绩效差距最大，东部地区次之，而中部地区差距最小。进一步根据式（7.4）和式（7.5）计算地区差距贡献度。结果如表7-1所示。

表 7 - 1　　　　　地方政府债务过程绩效地区差距贡献度分解

年份	过程绩效泰尔指数 Tt - PROP	区域内差距贡献度（%） Dw - PROP	区域间差距贡献度（%） Db - PROP
2008	0. 399721934	99. 38	0. 62
2009	0. 61183545	85. 75	14. 3
2010	0. 514211315	97. 81	2. 19
2011	0. 652509778	96. 25	3. 75
2012	0. 584378573	97. 32	2. 68
2013	0. 535187492	96. 39	3. 61
2014	0. 498549725	95. 52	4. 48
2015	0. 800587618	99. 36	0. 64
2016	0. 49231068	99. 14	0. 86
2017	0. 500404573	93. 02	6. 98
2018	0. 717033472	98. 06	1. 94
均值	0. 573339146	96. 18	3. 82

表 7 - 1 的数据显示，过程绩效的地区差距主要是由于区域内差距造成的，区域内差距对地区差距的贡献度平均值为 96.18%，区域内中心城市往往对周边地区产生强大的虹吸效应，形成区域性发展极，造成新的经济发展不平衡的局面。

按照上述步骤对地方政府债务结果绩效进行泰尔指数分解计算，2008～2018 年结果绩效的泰尔指数及其分解后的区域内和区域间差距变动趋势如图 7 - 3 所示。

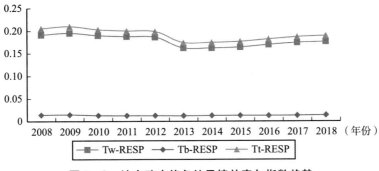

图 7 - 3　地方政府债务结果绩效泰尔指数趋势

图 7 - 3 中 Tw - RESP、Tb - RESP 和 Tt - RESP 分别表示地方政府债务结果绩效的区域内、区域间和总体差距。结果绩效的区域内和总体地区差距呈现出先减小后增加的趋势，区域间差距变动不大，且一直处于较低水平。进一步分析东中西部地区的结果绩效泰尔指数变化趋势，如图 7 - 4 所示。

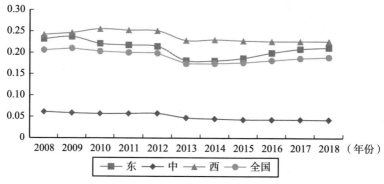

图 7 - 4 全国及东中西部地区结果绩效泰尔指数趋势

图 7 - 4 显示，与过程绩效一样，西部地区不同地方政府之间的结果绩效差距最大，东部地区次之，而中部地区差距最小。进一步根据式（7.4）和式（7.5）计算地区差距贡献度。结果如表 7 - 2 所示。

表 7 - 2　　　　　地方政府债务结果绩效地区差距贡献度分解

年份	结果绩效泰尔指数 Tt - RESP	区域内差距贡献度（%） Dw - RESP	区域间差距贡献度（%） Db - RESP
2008	0.205971847	93.08	6.92
2009	0.210229719	93.00	7.00
2010	0.203161435	93.59	6.41
2011	0.200417016	93.76	6.24
2012	0.198872112	93.77	6.23

续表

年份	结果绩效泰尔指数 Tt – RESP	区域内差距贡献度（%） Dw – RESP	区域间差距贡献度（%） Db – RESP
2013	0.174478013	93.03	6.97
2014	0.17482569	92.78	7.22
2015	0.176910763	92.76	7.24
2016	0.182115608	93.09	6.91
2017	0.186927677	93.12	6.88
2018	0.189532763	92.86	7.14
均值	0.191222058	93.17	6.83

　　表 7 – 2 的数据显示，结果绩效的地区差距绝大部分均为区域内差距，区域内差距对地区差距的贡献度均值高达 93.17%，区域间差距贡献度仅为 6.83%。

　　上述分析结果表明，东部、中部、西部地区差距不再是地方政府债务绩效差距的主要来源，过程和结果绩效的地区差距主要是区域内差距。改革开放以来，由于国家政策优先向东部沿海地区倾斜，使东中西部地区发展差距日益扩大，为了缩小区域间经济发展差距，国家先后提出了振兴东北、西部大开发、中部地区崛起等均衡发展战略，这些战略主要是由地方政府主导实施。这些战略的实施确实有效地缩小了地区间的经济发展差距，在地方政府债务投资领域，这一趋势更加明显。当前，地方政府间合作所推动的区域一体化发展战略已成为提高区域竞争力，拉动经济增长的重要手段。这一政策在某种程度上打破了区域内的市场分割，有利于形成统一的竞争市场，优化资本、劳动等生产要素的配置从而促进区域内经济的增长。但不容忽视的问题是，区域一体化发展战略的实施也使区域内发展差距在增大，甚至成为新的区域发展差距的源泉。

7. 1. 2　债务过程绩效波动性大难以实现稳态

地方政府债务过程绩效波动性较大，且下降趋势强于上升趋势，特别是自《预算法（2014 年修订）》实施后，各省级地方政府均可以自主发行债券，尽管债务规模有所增加但过程绩效却未见显著上升。仅在 2008～2009 年、2010～2011 年、2015～2016 年出现暂时性的过程绩效提高，其余年份均表现为过程绩效下降。过程绩效的环比增速如图 7－5 所示。

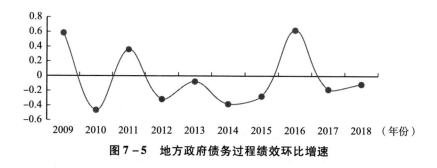

图 7－5　地方政府债务过程绩效环比增速

图 7－5 充分展示了地方政府债务过程绩效的波动性，截至 2018年过程绩效仍未达到稳态，债务资金使用的经济性和效率性难以有稳定预期。

7. 1. 3　债务结果绩效增长性放缓需要新动能

地方政府债务结果绩效一直处于稳定上升状态，但近年来其增长性放缓，尤其是 2014 年后，债务结果绩效的环比增速显著下降，并且一直在低位徘徊，始终没有走出增长迟缓的困境，结果绩效的环比增速具体趋势如图 7－6 所示。

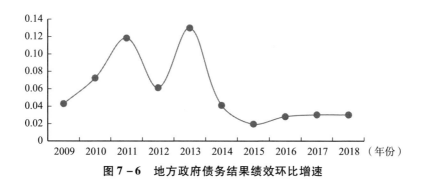

图 7 - 6　地方政府债务结果绩效环比增速

图 7 - 6 显示，2009 年结果绩效的环比增速在 4% 左右，2009 ~ 2018 年共出现过两个峰值点，一个是在 2011 年，债务结果绩效的环比增速接近 12%，另一个是在 2013 年，债务结果绩效的环比增速接近 13%。2015 年后，结果绩效一直在 3% 左右徘徊。结果绩效的缓慢上升与过程绩效有很大关系，过程绩效缺乏经济性和效率性导致债务资金浪费，债务资金使用效果不佳。

7.1.4　债务过程与结果绩效的提高难以兼得

债务过程绩效和结果绩效的普遍提高是地方政府追求的目标，但是在现实世界中，两者之间存在难以兼得的关系，甚至在某些情境下表现为对立性。具体表现在以下两个方面。

第一，过程绩效总体呈现下降趋势，而结果绩效总体表现为上升趋势。2008 ~ 2018 年，债务过程绩效仅有 3 个年份实现环比增长，其他时间过程绩效都呈下降状态。与结果绩效进行皮尔逊相关分析可以发现两者之间存在显著的负向关系。相关分析结果如表 7 - 3 所示。

表 7 - 3   过程绩效与结果绩效相关性检验

项目		过程绩效	结果绩效
过程绩效	皮尔逊相关性	1	− 0.128 *
	Sig.（双尾）		0.018
	个案数	341	341
结果绩效	皮尔逊相关性	− 0.128 *	1
	Sig.（双尾）	0.018	
	个案数	341	341

注：* 表示在 0.05 级别（双尾），相关性显著。

第二，外部影响因素对两者的作用方向相反。在表 6 - 4 中总结了人口密度、城镇化率、市场化程度和对外开放程度四项主要环境变量对两者的作用方向。人口密度和城镇化率的提高有助于提高结果绩效但却不利于过程绩效；市场化程度和对外开放程度的提高有助于提高过程绩效但不利于结果绩效。在同一种外部环境作用下，地方政府需要在过程绩效与结果绩效之间进行权衡。

通常情况下，在经济不景气时，由于财力紧张等因素，更加强调过程绩效以提高财政资源利用效率；而在经济景气、财力充沛时，更加强调结果绩效以增加公共服务的普惠性和可及性。实现基本公共服务均等化，意味着要有政府财力支持，必须实现政府间的财政均等化，但是财政均等化的含义却因为观察者的视角不同而有不同的认识（Peter. Mieszkowski and Richard A. Masgrave，1998）。布坎南（Buchnan，1950）认为，财政差异是联邦制国家的事情，单一制国家中央政府与地方政府之间的绝对一致关系排除了可能的财政差异。联邦制国家相较于单一制国家有明显的好处，在于分割的、更小的治理单元能够更有效地把居民的愿望直接表达为财政的后果，而且能够使地区之间的竞争更充分，从而有更好的效率（Tiebout，1956）。而且，联邦制政制下的政府没有效率的压力（除了党派之间的谈判），但是，联邦制的一个问题就是财政差异，这是由于州（或省）之间在收入或支出上不可能合作而造成的。西方学者提出了实现基本公共服务均等化的两种模式，一种模式是纵向均等化（或能力均等化，fiscal capacity equalization，FCE），它要求财政支出从人均收入高和人均需求低的地区转移到人均收入低而人均需求高的地区；另一种模式是横向均等化（horizontal equity equalization，HEE），它是指在州或省政府的财政操作以实现区域平等，处于同等状况的个人得到同等对待，较低层级的政府应该对同等状况下的个人提供同等水平的服务，而不论个人处于哪个地区。布坎南则强烈反对各地区之间财政能力的均等化，他认为公平的关注应依赖于更基础、更一般性的水平线上的平等，即在相同位置上的相同对待，而不是纵向式的均等（Buchanan，1950）。他将均等化的"财政待遇"定义为，所有具有同等收入的个人得到相同的净财政剩余（net fiscal residuum，NFR），净财政剩余指的是支出收益与税收间的差额。布坎南（1950）认为，由于收益是地区人均收入的函数，税收是居民个人收入的函数，因此在采用相同的比例税率的情况下各地区居民财政净剩余相同，但人均收入高的地方净财政剩余会高。为此，转移支付存在于个人之间，尽管在具体形式上可以由支付地区汇集资金，由受益地区分发资金，但是转移支付的实质却是基于个人之间的转移。

公共服务的概念来源于西方国家，与"私人物品"相对应，从属于公共品的范畴。公共经济学领域将"公共产品"视为其核心概念，对于公共产品和公共服务并没有做出清晰的界定，认为政府公共部门提供的有形产品和无形劳务既可以称为公共产品，又可以称为公共服务。"公共产品"作为一个概念，是由瑞典经济学家林达尔（A. R. Lindahl）在 1919 年首次提出，认为"公共产品是国家对人民的一般给付，个人或者集团通过赋税的形式购买公共产品"。美国经济学家保罗·萨缪尔森（Paul A. Samuelson，1954）对公共产品做出了明确定义，揭示了公共产品具有消费的非竞争性与非排他性特征。布坎南（Buchanan，1968）对公共产品理论进行了修补，提出了俱乐部产品

（准公共产品或混合产品）理论，指出俱乐部产品是介于私人产品和纯公共产品之间的物品，具有有限的非竞争性和局部的排他性。而德国社会政治学派代表阿道夫·瓦格纳（Adolf Wagner，1872）是最早提出"公共服务"概念的学者，他指出公共服务是政府财政支出的重要组成部分，财政支出的目的是实现国家供给公共服务等经济职能。20世纪初，法国公法学者莱昂·狄骥（Léon Duguit）认为，政府作为公共权力行使者，可以凭借手中掌握的权力来组织和实施教育、医疗、社保等基本公共服务，满足社会民众的需要；同时，政府可以通过采取一定的措施来干预和引导市场行为，促进公共产品的有效供给，使公共服务的供给在数量和质量上都有所提高。格劳特和史帝文斯（Grout and Stevens，2003）将公共服务定义为"提供给大量公民的一种服务，在供给公共服务的过程中存在着潜在而显著的市场失灵，这就为政府的干预提供了理由"。这些观点说明了公共服务供给主体是政府，当然市场供给机制也是必要的，但政府要进行干预。

7.2　地方政府债务绩效存在问题的原因分析

造成上述问题的原因有很多，比如地方政府资源禀赋有限而发展经济的事权和支出责任存在刚性，因而地方政府债务存在区域内竞争；债务资金的投入缺乏长远规划，受中央政府的政策性约束较为明显，地方政府难以获得辖区居民的真实公共品需求因而趋向于过度供给，过程绩效与结果绩效实现机制和驱动因素存在差异等。

7.2.1　地方政府债务存在区域内竞争

地方政府之间存在税收竞争已经成为学术界的共识，学者们普遍认为中国式财政分权一方面激发了地方政府发展地区经济的主动性；

另一方面又加剧了地区间的税收竞争。但有关地方政府债务竞争的研究比较少，随着地方政府债务规模的日趋膨胀，才逐渐进入学者们的研究视野。吴小强和韩立彬（2017）认为，地方政府的举债融资策略会受到邻近地区的影响，会随着邻近地区债务规模的增加而增加。吴俊培和徐彦坤（2019）则从外溢、攀比和标尺竞争的角度论述了地方政府债务竞争的形成机理并进行了实证分析，证实了地方政府间存在显著的正向空间竞争关系。以上研究说明了地方政府债务竞争主要是区域内竞争而不是区域间竞争，即相邻的地方政府之间会存在明显的债务竞争关系，而距离较远的地方政府之间债务竞争关系不显著。正是由于地方政府债务存在区域内的竞争所以才导致地方政府债务绩效的区域内差异显著。为了检验地方政府债务之间是否存在竞争，采用 GeoDa 软件对债务投入数据进行全局空间自相关检验，证实了地方政府债务投入之间存在正相关，相邻省份有高—高集聚和低—低集聚的现象。全局自相关检验的莫兰散点图和莫兰指数检验如图 7 - 7 和图 7 - 8 所示。

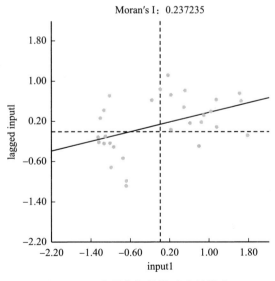

图 7 - 7　全局自相关检验莫兰散点

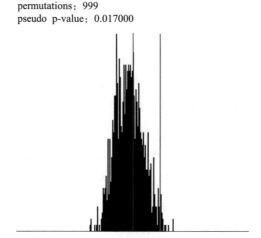

permutations：999
pseudo p-value：0.017000

I：0.237235 E[I]：-0.0345 mean：-0.0314 sd：0.1199 z-value：2.2402

图 7 - 8　全局自相关检验莫兰 Z - Score

　　全局自相关检验结果表明，莫兰指数为 0. 237235，且其 Z 值 2. 2402，Z > 1. 96，P 值为 0. 017，P < 0. 05，具有统计学意义上的显著性，说明地方政府债务投入存在正自相关性，即地方政府债务存在区域内竞争。

7. 2. 2　地方债务投入面临双重激励困境

　　地方政府债务过程绩效之所以呈现出明显的波动性态势，主要在于地方政府债务投入缺乏长远规划，受到中央政策的约束。这种政策约束又突出表现在地方政府的双重激励中。地方政府处在政治和经济双重激励中，但政治激励与经济激励并不总是一致的，债务投入就是在政治激励和经济激励的双重作用下出现了或增或减的波动。具体如表 7 - 4 所示。陈玲等（2010）在研究这种双重激励下的地方政府行为策略时按照双重激励的强度不同将地方政府的行动策略确定为实动、伪动、缓动和暗动等不同类型。但实际上除了强度不同外，双重激励的方向也可能是不一致的，这是因为长期战略意义与当期现实收益之间存在时间错位。

表 7 - 4　　　　　　　　　地方政府债务投入双重激励模型

项目	政治激励（正向）	政治激励（负向）
经济激励（正向）	显性债务和隐性债务均增加	显性债务减少隐性债务增加
经济激励（负向）	显性债务增加隐性债务减少	显性债务和隐性债务均减少

表 7 - 4 中按照政治激励和经济激励的作用方向组合，将地方政府可能采取的举债策略分为四种，即当政治激励和经济激励均为正向时，地方政府积极举债，此时显性债务和隐性债务均增加，这突出表现在为应对 2008 年金融危机，地方政府一方面为了配合中央政府的积极财政政策加大基建投入；另一方面为了发展本地经济成立融资平台公司积极举借债务。当政治激励和经济激励均为负向时，地方政府失去借债动力，显性债务和隐性债务均减少；当政治激励为正向而经济激励为负向时，显性债务会显著增加，但地方政府具有自由裁量权的隐性债务则会减少；当政治激励为负向而经济激励为正向时，即中央政府加强了对地方政府债务的管控，严控债务风险，但地方政府出于发展经济等自身利益的目的，有增加隐性债务的冲动。地方政府正是在政治和经济的双重激励下面临不断调整债务投入规模的决策难题，导致其投入缺乏长远规划，受到政策约束的影响。

7.2.3　辖区居民的真实需求难以获得

结果绩效增长放缓的原因在于债务产出的边际效用在递减。过去中国面临基础设施较差而交易成本较高的状况，基础设施是制约经济发展的瓶颈。而近年来，随着地方政府大量投资于教育、卫生、交通运输和能源等市政基础设施部门，这一短板已经补上，并且实证研究表明，在地方政府债务投资领域已经出现了债务产出过度供给的状况。居民的真实需求难以获得是导致地方政府偏好于过度供给外显性基础设施的主要原因。师玉朋和马海涛（2015）在研究云南省部分公共服务的供需匹配状况时发现义务教育存在硬件设施的冗余。在过去以 GDP 增长为核心的发展模式下，各级政府多数为"经济建设型政府"而不是"公共服务型政府"，地方政府将财政资源用于公共工程和固定资产投资等经济建设支出较多，而用于民生类公共服务的财政支出比重较低。居民的真实需求与地方政府的供给偏好之间存在错位。这样所导致的问题是市政基础设施公共产品供给的过度与民生服务类公共产品供给的不足同时存在，因此地方公共品的供给过度并不是总量过高而是结构失衡。一种可行的方法是参照构造税收努力程度指数的做法（Piancastelli，2001；Gupta，2007），在计算出基本公共服务需求影响因素各变量系数的基础上，估算得到基本公共服务支出的拟合值，将其视为辖区居民对基本公共服务的需求量，将基本公共支出的实际值视为政府的供给量。这样，二者之间的偏差便可以作为居民基本公共服务供求匹配与否的衡量标准。由于导致回归的实际值和拟合值发生偏差的原因是多方面的，比如抽样误差和遗漏变量的影响，没有理由将残差项的出现都归因于政府供给偏差导致的基本公共文化服务供需不匹配。因此，可以选择回归方程的均方根误（RMSE）作为临界值，只将绝对值足够大的残差项看作供需不匹配，否则就视其为由随机冲击等引致的正常偏差，在此基础上构建基本公共服务供需匹配指数并测算各省份的供需匹配度。

7.2.4 债务过程与结果绩效实现机制约束

地方政府债务过程绩效所衡量的是投入产出的经济性与效率性，而结果绩效所衡量的是产出与效果的效益性和公平性，两者之间实现机制不同。经济性和效率性是市场经济的根本要求，完全竞争市场的均衡结果就是最具经济性和效率性的配置结果，主要经由市场机制来实现，因此当市场化程度越高时，过程绩效也随之提高；而效益性和公平性不可能通过自由竞争的市场机制来实现，主要经由政府分配机制来实现，市场化程度越高意味着政府所占有的财政资源比重越低，其再分配能力就会减弱。

7.2.5　债务过程与结果绩效驱动因素迥异

实证分析结果表明，过程绩效的实现是由逻辑模型"如果条件"中的内部因素来驱动的，而结果绩效的实现则需要逻辑模型"如果条件"中的外部因素来驱动。即过程绩效的主要驱动因素是债务投入，基准回归分析结果显示投入变量的回归拟合优度高于环境变量的拟合优度。结果绩效的主要驱动因素是人口规模、城镇化率、对外开放程度等外部条件，结果绩效基准回归分析的外部条件拟合优度显著高于债务产出的拟合优度。正是因为过程与结果绩效之间的驱动因素迥异，所以在对地方政府债务绩效进行研究时必须将两者区分开来，否则容易导致研究结论不一致，甚至出现相悖的情况。具体可以从两个层次进行：一是以宏观统计数据为基础，根据中位选民模型，将省辖的地级市视为"居民"，把中位地级市居民的平均收入及税收份额，视为全省中位居民的收入和税收份额，推导出辖区居民的公共服务需求函数，建立面板数据模型估计经济发展水平、税收负担、产业结构、人口结构、技术水平、市场化和城市化等经济性、社会性因素对基本公共文化服务需求的影响；二是以微观调研数据为基础，建立基本公共文化需求偏好表露的计量模型，运用排序概率选择模型（ordered probit model）分析收入、受教育程度等个体特征变量、税收价格、其他公共服务需求等变量对居民基本公共文化需求的影响。

本 章 小 结

第 7 章是在第 4 章地方政府债务绩效测度和第 5 章、第 6 章实证分析的基础上展开论述的，主要是对地方政府债务绩效的区域差距、过程绩效的波动性、结果绩效的增速放缓以及两者之间难以同时提高等问题进行了分析，并进一步探讨了产生这些问题可能的原因。古语有云："鱼和熊掌不可兼得"，过程绩效和结果绩效也存在难以兼得的矛盾，在债务投资实践中，地方政府应秉持权变思想，针对特定地区的经济发展场景，选择适度的绩效目标。

第8章 提高地方政府债务绩效的对策建议

自 2009 年启动地方政府债券发行以来，地方政府债务规模不断扩大，进行市政基础设施建设是见效最快的方式，但也因此产生了许多低效甚至无效的投资。地方政府一味追求债务支出的规模却忽视了债务支出绩效问题。近年来，随着中央明确提出全面推行绩效管理，将地方政府债务纳入预算管理，地方政府债务绩效问题逐渐引起重视，但要实现从"经济增长"导向转为"绩效"导向还有很长的路要走。第 8 章主要从如何提高地方政府债务过程绩效与结果绩效以及其他相关配套措施方面提出对策建议。

8.1 提高地方政府债务过程绩效的对策建议

提高地方政府债务过程绩效就是要提高债务绩效的经济性和效率性。两者之间既有共同点也有不同之处。提高经济性在于强调既定产出下的投入最小化，需要寻找投入资源的合理配置，而效率性则在经济性的基础上增加了对生产技术效率的要求。因为效率性不仅受投入要素的约束，而且由于环境因素对生产技术效率有重要影响，效率性的提高必须要结合外部因素寻找适当的解决方案。

8.1.1 制定合理的地方政府债务投资规划

凡事预则立不预则废，地方政府的债务投资也应如此。然而我国一些地方政府投资缺乏理性规划，表现为过度投资和过度竞争。这种过度投资和竞争不仅会导致市场分割和产能过剩，而且使地方政府投资回报率较低，积聚了债务风险。有学者的研究指出，我国的不少基层地方财政能够还债的资金非常有限，已经陷入借新还旧的窘境。自2015年地方政府被允许自主发债后，专项政府债券发行额猛增，但是项目落地却需要时间，这会导致债务资金的闲置和沉淀，严重影响其使用效率，专项债的极速增加突出反映了债务扩张的无序性与盲目性。为了避免债务投融资的盲目性，地方政府应制定合理的远景规划，远景规划不同于年度计划，体现了地方政府对经济发展的顶层设计，地方政府需要有贯彻远景规划的决断力和执行力，尽管规划实施过程中可能会受到中央宏观调控政策的影响，但这种政策影响只会改变实现远景目标的路径而不会影响远景目标的实现。"不谋万世者不足以谋一时，不谋全局者不足以谋一域"，合理的债务投融资远景规划能够有效防止地方政府过度举债投资的冲动，提高债务投资理性，提高地方政府债务的过程绩效。

8.1.2 确保适当的地方政府债务投入规模

实证研究的结果表明，地方政府债务投入对过程绩效的影响显著为负值。因此，要提高债务过程绩效，必须确保适当的债务投入规模，防止因债务投入过多而造成债务资金使用的经济性和效率性下降。在确保适当规模的同时还要优化债务投资中的资本和劳动投入比例，使每一单位资本投入都能在现有技术条件下达到最有效的利用。中经网统计数据库数据资料显示，1996～2019年，我国15～64岁

劳动年龄人口占总人口的比重一直处于下降状态，具体如图 8 - 1
所示。

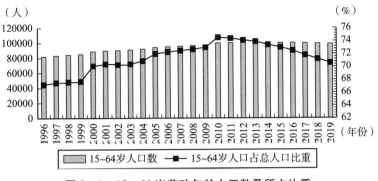

图 8 - 1　15 ～ 64 岁劳动年龄人口数及所占比重

图 8 - 1 显示，15 ～ 64 岁劳动年龄人口所占比重在 2010 年达到
74.53% 的峰值后一直处于下降趋势中，2019 年已经降至 70.6%，这
一比重与 2003 年的 70.4% 非常接近。我国劳动力存在无限供给的假
设失去了现实基础，资本稀缺而劳动过剩的状况已经发生了根本性改
变。由于劳动力积累更新的速度远远跟不上资本积累的速度，在债务
投入规模不断扩大的过程中，存在劳动力无法及时匹配资本的情况，
为了解决可能存在的劳动力投入不足问题，政府应采用数字化、自动
化和智能化等新技术缓解劳动力供给不足。

8.1.3　筛选相宜的地方政府债务投资领域

政府和市场有其各自的比较优势，地方政府在选择投资领域时，
应结合本地区的外部环境因素，因地制宜，明确投资重点。首先，对
于能进行市场化改革的公共产品领域应交由市场完成，充分发挥社会
资本的力量，既可以解决地方财政资源紧张的问题，也能充分发挥市
场在资源配置中的效率优势，引入竞争机制后还可以倒逼地方政府的
行政改革，进而提高地方政府的投资效率。其次，地方政府投资不可

盲目赶超其他地区，应结合本地区的实际状况，在重点领域加大投资，特别应补足本地区的民生短板，改变过去只重视外显性、经济性基础设施的投资倾向，转向"以人为本"的基础设施建设。当前我国轨道交通等基础设施短缺的现状已经得到了根本性缓解，但民生领域基础设施还存在短板，比如养老基础设施建设等。在人口老龄化程度日益加深的背景下，养老基础设施建设应该得到更高的重视。各地方政府可以在发挥本地区传统优势的基础上，实施差别化的投资策略，积极融入国家区域协调发展战略，根据区位优势找准政府投资的功能定位。

8.1.4　重视可持续的地方政府债务投资

2008 年金融危机后，可持续概念经常被用于评估政府债务问题，防控地方政府债务风险的关键并不在于债务规模，而是其可持续性。波恩（Bohn，2005）认为，如果基本财政盈余对政府债务负担率呈正向反馈，则政府债务可持续。即如果"增长红利"可以覆盖地方政府债务的全部利息，则地方政府债务就是可持续的。重视可持续的地方政府债务投资其实质就是重视债务投资的回报率，主要包括两个方面：一是显性地方政府债务投资的可持续。在中央政府的强监管下，地方政府显性债务的举债形式为地方政府债券，目前仅有少量非债券形式存在的地方政府债务，地方政府显性债务的可持续性较强。但不可忽视的是，由于前期债务风险的累积、地方政府债券时限较短等原因，显性地方政府债务投资的可持续性也面临较大压力。二是隐性地方政府债务投资的可持续。PPP、政府购买服务以及政府投资基金等的不规范发展所造成的隐性债务问题始终未得到妥善解决，隐性债务风险仍然较高，目前仅仅是将风险控制在一定范围内，但真正解决隐性债务风险，必须依靠提高地方政府债务投资的过程绩效。让"增长红利"覆盖地方政府债务利息。短期内地方政府隐性债务依然是地方政府债务风险偏高的主要原因。此外，可持续的地方政府债务投资还包含债务投资必须维持政策稳定性的含义，不能因为政策转向而贸然停止债务投资项目。一般而言，由于地方政府债务投资项目所需资金规模大，但项目回报周期长，必须有合理的资金错配期限才能收回投资，因而维持政策的稳定性对于地方政府债务投资而言具有非常重要的意义。

8.2　提高地方政府债务结果绩效的对策建议

提高地方政府债务结果绩效就是要提高债务绩效的效益性和公平性。地方政府债务投资的根本目的在于拉动总需求，推动地区经济的持续增长和维持社会和谐稳定。效益性和公平性的实现是评判债务投资目的是否实现的重要依据，但实证分析结论显示，地方政府债务结果绩效近年来增长缓慢，债务投资对经济的拉动作用减弱，公平性的改善也遇到了瓶颈。结果绩效的作用机理分析中指出，首先地方政府所提供的市政公共产品与居民真实公共需求之间的偏离是结果绩效增长缓慢的重要原因；其次外部环境条件对于实现结果绩效具有重要作用。一般认为，基础设施的改善是中国经济快速增长的重要原因，然而在硬件基础设施达到较高水平后，软件基础设施的瓶颈效应开始显现，如对外开放程度、合理的制度安排等都是软件基础设施的组成部分。

8.2.1　畅通居民需求表达机制

公共产品的最优供给与公共产品的需求状况直接相关。市政公共产品的供需失衡是导致结果绩效缓慢增长的重要原因。地方政府债务投资公共产品时，所遵循的原则是自上而下的原则，而不是自下而上

的原则。自上而下的原则是指由地方政府根据财政预算安排和实际可
支配财力，制订投资规划并提供相应的公共产品和服务；而自下而上
原则是指根据居民的真实需求偏好，提供符合公众要求的公共产品数
量和结构。自上而下的供给原则往往使地方政府根据政绩考核的需要
和对经济利益的追逐，偏好于投资外显性的能快速拉动 GDP 增长的
项目工程，而像环境保护、医疗保障、养老保障等民生服务项目则由
于短期内难以实现经济利益很难得到政府投资部门的青睐。如果从长
期来看，这些民生服务项目的短板将会严重影响经济的可持续发展。
必须承认的是，由于不同地区不同群体之间存在公共需求的差异性，
这也使在现代社会条件下，公共利益的实现变得极端复杂。在中国社
会背景和文化传统下，如何提升居民基本公共产品获得感，应该有中
国文化的成分和元素。提升居民的基本公共产品获得感，一方面要通
过政府自身的改革、促进政府、市场与社会协同治理，提高基本公共
产品供给能力与供给水平；另一方面还要通过信息公开、公众参与
（如畅通需求表达机制）等改革，促进民众信任，进而提升居民的基
本公共产品获得感。

　　尽管如此，地方政府仍然需要采取必要措施获取公众的真实需
求，特别是应该畅通需求表达机制。公共需求存在时空差异性，只有
考虑需求的供给机制才是有效的，缺乏需求方的认可，有可能产生结
构错位，即使供给数量再多也难以形成高质量的公共产品。市场通过
价格机制提供私人产品，而政府在提供市政公共产品时缺乏价格信号
或者价格信号不准确，这就要求政府必须设置一定的机制，使公众能
真实地表达自己对公共产品的需求和支付意愿，从而保证公共产品的
供给达到最优。一方面可以采用社会科学中"田野调查"的方法，
通过连续年度的问卷调查获取需求信息；另一方面还可以设置激励约
束机制，使民众满意度成为考核地方政府绩效的重要评价指标，才能
从根本上抑制地方政府追逐显性公共产品的冲动。

8.2.2　重视产业结构优化升级

从改善结果绩效的外部条件来看，产业结构优化升级可以为经济发展提供新的增长点。统计数据显示，自 2004 年以来，我国的居民消费占 GDP 比重一直低于全社会投资需求占比，这说明我国仍处于经济增长方式由投资拉动型向消费需求拉动型转变的过程中。然而粗放式的投资拉动型增长所依赖的外部条件正在发生变化，如资源枯竭型城市的出现、生态环境的污染、人口红利的消退等，外部条件的紧约束逼迫产业结构必须升级。在实证分析中，产业结构存在双门槛效应，只有当第三产业占比超过第二个门槛值 45.7% 时，债务产出才能对结果绩效发挥正向作用。就平均值而言，只有东部地区超过这一门槛值，通过 2018 年的数据来看，仍有 6 个省份的第三产业占比在45.7% 以下，主要集中在中部和西部地区。已有研究证明，产业升级还可以加快城镇化进程，城镇化的快速推进和产业升级所带来的经济增长动能的转换都会极大地促进经济增长从而改善结果绩效。

8.2.3　保持适度对外开放格局

对外开放程度的提高可以促使地方政府提高行政效率，改善公共服务，但同样也会带来不少挑战。对外开放程度越高，意味着国内经济受外部冲击的可能性越大，近年来涌现出的逆全球化思潮已经说明，并非所有主体都是对外开放程度提高的受益者。我们在坚持对外开放的同时必须要防控外来风险，东南亚金融危机和 2008 年全球金融危机都已经证明越高层次的对外开放程度越需要强有力的风险管控能力。过去中国凭借劳动力成本和土地成本较低的比较优势吸引了大量外企来国内投资，地方政府也热衷于招商引资，但因此也付出了环境污染的较大代价。未来应保持适度对外开放的格局，更好地利用国内市场的消费能力。实证分析结果也表明，只有对外开放程度保持在一定合理范围时，债务产出对结果绩效才会产生正向作用。需要注意的是这一合理范围会随着经济发展水平、地方政府治理能力的不断提高发生动态变化，地方政府应以不损害经济稳定增长为检验标准。

8.2.4 加大农村地区投资力度

目前地方政府债务投资主要集中在城市的市政基础设施建设领域，对农村地区的基础设施建设普遍缺乏重视。对债务绩效公平性的测度也可以发现，尽管城乡收入差距和消费差距都在缩小，但是收入消费偏离度在增大。这主要是由于我国的统一产品市场正在逐步形成，消费品在城乡之间的价格差异变小，因而消费支出的城乡差距也随之逐年缩小。但是要素市场城乡分割的状况却一直存在，户籍制度的存在使农民工群体在收入分配、社会保险和社会救济等许多方面都与城镇居民的待遇有差别，而居住在乡村地区的农民其平均收入则更低。城乡的可支配收入差距较大，这非常不利于结果绩效中公平性的提高。为此地方政府应采取城乡区域一体化发展战略，尤其应重视对农村地区的基础设施投资力度，实现城市部分功能向农村地区转移，比如土地密集型产业和劳动密集型产业向农村地区转移将有利于企业降低生产成本，并带动农村地区的经济发展和繁荣，为此政府应予以适当引导。

随着土地价格和劳动力成本的提高，一些外资企业迁往越南等东南亚国家，其中固然有东南亚等国家土地价格更为低廉、劳动力成本较低的缘由，但不可忽视的是农村地区基础设施不完善是导致这些企业没有选择迁往农村地区的重要原因。目前我国的城镇化进程仍在继续，但是城市繁荣的背后还出现了农村衰落的现象，越来越多的年轻人离开家乡，农村成了留守老人和留守儿童的聚集地，小城镇和社区发展几近停顿，许多农村地区的公共基础设施建设甚至难以为继。而随着城市交通拥堵、房价高涨、环境污染等"城市病"的出现，新农村建设日益受到广泛关注。近年来，国家越来越重视"三农"问题，连续多年的扶贫行动极大地改善了农村居民的生活状态，脱贫攻坚战已取得了全面胜利，农村地区的长远发展是今后需要关注的重点。农村地区有充裕的土地和劳动力资源储备，地方政府未来的债务投资应重点转向农村地区，提高农村地区的公共基础设施和公共服务水平，既有助于缩小城乡收入差距，促进城乡人口双向流动，也能有效驱动我国经济的长远发展，补足农村地区基础设施的短板。

8.3　其他相关配套措施

8.3.1　完善均衡性转移支付制度

发展是第一要务，地方政府是发展经济的第一责任人，但由于地方政府的地理位置和资源禀赋差异等原因，不同地区地方政府的可支配财力存在较大差距，而分税制改革所导致的财权与事权不匹配问题一直未得到妥善解决，地方政府存在财政收支失衡，负面效应也不断凸显。这种财力差距不仅影响我国经济的均衡发展，更是导致地方政府债务规模不断攀升的重要诱因。地方政府为应对政绩考核的压力，必然采取改变财政支出结构的应对措施。一方面，将更多的财政资源投入资本性支出而非民生性支出，这会导致资本性投资过度而民生性支出不足的投资结构扭曲；另一方面，资本性投资过度会引发产能过剩、重复建设、效率低下等一系列严重问题，阻碍地方经济的良性发展并制约地方政府债务绩效的提高。

转移支付制度是协调政府间财政关系的核心制度，其主要作用在于缩小横向政府间财力差距和协调纵向政府间事权分配。1994 年分税制改革以来，我国的财政转移支付规模逐年增长，但税收返还和转移支付占中央收入的比重却经历了先降低后升高的转变过程。如图8－2所示，其中2007年为转折点，2007年中央对地方税收返还和转移支付占中央本级收入比重仅为65.4%，达到了分税制改革以来的最低点，此后该比重逐步回升。2007年以后税收返还在其中的占比逐年下降而转移支付的占比逐年上升。2007～2011年中央对地方税收返还在税收返还和转移支付总额中所占比重依次为23.09%、18.97%、17.11%、15.44%和12.62%，同期转移支付在总额中的占比分别为76.91%、81.03%、82.89%、84.56%和87.38%。转移支付金额中一般性转移支付与专项转移支付所占比重也存在此消彼长的关系，而均衡性转移支付在一般性转移支付中的比重没有明显的上升趋势。均衡性转移支付金额及占一般性转移支付的比重如图8－3所示。

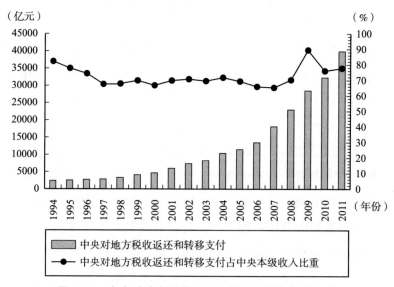

图8－2 中央对地方税收返还和转移支付金额及比重

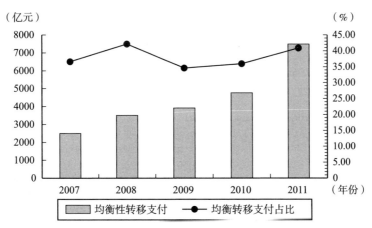

图 8 - 3　均衡性转移支付金额及比重

图 8 - 3 显示，2007 ~ 2011 年均衡性转移支付比重先增加后减少，2009 年后又出现增加的趋势。一般性转移支付的设置主要是为了均衡地区间财力配置，但是均衡性转移支付所占比重并非占据绝对优势。

转移支付是分权财政体制中的重要组成部分，是资源有效配置、平衡地区间财政能力的必要手段。对于财政分权可能带来的不利影响，奥茨（Oates，1972、1999）主张通过建立科学、合理的政府间财政转移支付制度加以克服。马斯格雷夫（Musgrave，1983）指出，中央政府关注的是各辖区能够提供公共服务的条件问题，而其影响下级政府财政业绩的主要工具就是转移支付，但其并没有考虑到下级政府获得转移支付之后的行为。相较于早期文献强调通过财政转移支付实现财政分权提供公共服务的诸多益处，后来研究者发现，财政转移支付制度有可能带来预算软约束、宏观经济不稳定、腐败、政治租金攫取等诸多负面后果（Careaga and Weingast，2003；Goodspeed，2002；Fisman and Gatti，2002）。从不同转移支付类型对公共服务供给水平的影响来说，霍夫曼和吉比恩（Hoffman and Gibeon，2005）分析了坦桑尼亚和赞比亚的财政收入来源和公共服务供给的关系，发现不同的收入来源导致了不同的公共服务水平，如果收入来自辖区内居民的税收，那么公共服务支出水平则较高，如果收入主要来自中央政府的转移支付或国外援助，则公共服务支出水平较低，但是增加了工资和行政费用。有学者的研究结果显示，一般性转移支付对公共服务供给同时存在正面效应和负面效应，总效应取决于这两种效应的对比（Kotsogiannisa and Schwager，2008）。

郭庆旺和贾俊雪（2008）对中国分税制改革前后 1990～1994 年和 2001～2005 年两阶段省份公共服务的考察发现，中央财政转移支付未能有效地促进中国省份公共服务的发展和均等化，将其原因归结为转移支付制度的设计问题导致转移支付资金配置没有很好地兼顾公平与效率准则。吴旭东和王建聪（2011）通过研究 2003～2008 年民族地区公共服务的发展发现，转移支付对均衡民族和非民族地区的公共服务均等化有积极作用，但扩大了民族地区间的公共服务供给水平的差距。宋小宁等（2012）运用 2001～2006 年《全国地市县财政统计资料》中 2000 余个县级政府样本和 592 个国家级贫困县样本，研究了一般性转移支付对基本公共服务供给的影响，结果显示，相对于教育和医疗，一般性转移支付对社会保障支出的影响更大，而且专项转移支付明显促进了基本公共服务供给。田侃和亓寿伟（2013）从地方公共服务供给结果和成本两个角度考察，发现中央转移支付和财政分权对我国东部、中部、西部地区不同类型公共服务供给水平的影响存在显著差异。李丹（2016）基于国家扶贫县的实证研究发现，均衡性转移支付容易促进地方政府财政支出规模的膨胀，存量部分主要维护既有的支出格局，而新增均衡性转移支付有利于地方政府基本公共服务的供给。我国财政制度一直处于改革进程中，转移支付制度也随之发生变迁，在一般性转移支付和专项转移支付的基础上，为了与财政事权和支出责任划分改革相衔接，2019 年设立了共同财政事权转移支付。按照 2019 年的财政转移支付分类，2019 年一般性转移支付占转移支付总额的比重为 47%，共同财政事权转移支付占转移支付总额的 43%，而专项转移支付占转移支付总额的比重为 10%。

其中共同财政事权的转移支付部分地起到均衡性转移支付的作用，但是还远未达到均衡财力的目的。应继续以共同财政事权为改革的突破口，完善均衡性转移支付体制，缩小地区差距，并改善纵向财力配置失衡状况。

8.3.2　健全地方债绩效管理体系

地方政府债务绩效在不同地区差异较大，一方面是由于各地区自然和人文历史条件不同；另一方面在于没有建立健全地方政府债务绩效管理体系，有些地区甚至错把绩效评价当作绩效管理。绩效管理侧重于信息沟通与绩效提高，强调事前的预算计划，而绩效考核是管理过程中的局部环节与手段，侧重于判断和评价，强调事后的评价，两者存在明显的差异。地方政府债务绩效管理体系是能够自我运行迭代的系统，应当在地方政府债务管理实践中不断得到运用和提升。地方政府债务绩效管理体系是一个循环、动态的系统，该系统所包括的四个环节紧密联系、环环相扣、缺一不可。在对地方政府债务绩效进行管理的过程中，对每个环节的工作都应重视，并有效整合。地方政府债务绩效管理体系的基本内容如图 8-4 所示。

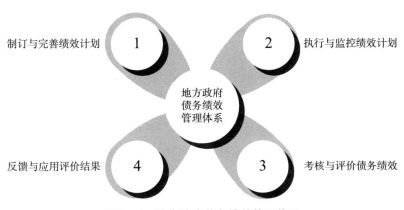

图 8-4　地方政府债务绩效管理体系

1. 制订与完善绩效计划

地方政府债务绩效管理体系的第一个环节是制订与完善债务绩效计划，科学制订绩效计划需要对地方债务绩效管理设立明确目标。明确合理的目标是建立与完善全过程绩效管理的基础与前提。开展绩效目标管理，把地方债管理部门的职能和战略目标转换成明确具体、可衡量的绩效目标，加强事前评估，为绩效管理全过程奠定基础。在进行事前评估的过程中，根据事前绩效评估的结果完善绩效计划。合理的绩效目标应当满足 SMART 原则，即具体（specific）、可衡量（measureable）、可实现（attainable）、与其他目标有相关性（relevant）和有时间限制的（time-bound），SMART 原则不仅可以使相关部门工作人员提高工作效率，更为后期实施绩效评价提供了评价目标和评价标准，使评价工作更加科学和规范，更能保证考核的公正、公开与公平。

2. 执行与监控绩效计划

合理的绩效计划仅仅是绩效管理的开始，在执行绩效计划的过程中，地方政府要始终监控计划的执行情况，确保债务资金按照预期足量投入相应领域。首先，在绩效计划的实施过程中，不可避免地会遇到预期外的不可控因素，需要计划执行部门及时作出调整，确保债务资金可以有效使用，如需修正绩效计划的应上报给地方政府主管部门；其次，监控绩效计划的执行情况可以为下一周期完善绩效计划提供参考。计划执行准确无误的，可以作为典型案例进行推广；计划执行过程中发现根本无法完成任务目标的，说明绩效目标设置不合理，在未来制订新的绩效计划时应引以为戒。

3. 考核与评价债务绩效

在债务绩效的考核与评价实施阶段，评价方法和评价主体的选择至关重要。"工欲善其事必先利其器"，要正确合理地评价政府债务绩效，必须要有合适的评价方法。根据所采用的评价标准不同，大体可以将评价方法区分为相对评价方法和绝对评价方法。对于不同层级的政府来说，由于其职能和管辖范围的不同，其债务绩效评价所选择的方法也不尽相同。低层级的政府一般应采用绝对评价方法，根据债务资金投向，明确关键产出，而对于高层级的政府来说，由于其所辖区域内还有若干平行决策单元，可采用相对评价方法，对辖区内的不同政府进行横向比较，可以简单排序也可以配对比较，甚至可以对不同政府的债务绩效进行强制分布。

债务绩效的评价主体需审慎选择第三方权威机构，特别是针对重点民生政策和重大专项支出，第三方机构应该由相关领域专家组成，也可以选择政府部门的相关人员进入绩效评价小组，但不应参与评价工作，而是主要负责双方信息的交流与沟通。政府可以对第三方机构的准入门槛、评价程序、评价方法等方面予以考察和规范，定期公布机构白名单，并接受舆论监督，以提高其绩效评价质量。

4. 反馈与应用评价结果

绩效反馈是绩效管理工作中非常重要的环节，但是在实际工作中却往往被忽视甚至省略。绩效反馈是一个双向的动态过程。首先，绩效反馈在评价机构和被评价的地方政府之间架起了沟通的桥梁，有助于绩效评价结果的公开和公正。由于债务绩效评价结果与地方政府的利益息息相关，评价结果的公正性就成为政府和公众关注的焦点。其次，绩效评价过程中评价主体始终处于主动位置，而被评价主体无法成为主动因素，参与感较低。评价主体在评价过程中或由于认知偏差，或由于主观偏见，都会导致公正性不能完全实现。绩效反馈能够弥补这一缺陷，在绩效沟通过程中可以给予地方政府充分的发言权和知情权，有效降低考核过程中因为信息不对称所带来的负面效应，缓解双方之间可能存在的认知冲突，对完善地方政府债务绩效管理体系起到积极作用。

适度应用地方债绩效评价结果，可以将典型经验进行反复推广，有助于产生示范效应。根据斯金纳的强化理论，行为结果会改变人们的行为本身，当这种行为结果对他有利时，后期类似行为就会反复出现。因此可以采取正强化或负强化的办法来影响行为结果，从而修正地方政府的债务投资行为。对地方政府债务绩效完成评价后，需要适度应用绩效评价结果，比如对于绩效评价较高的地方政府，可以提高其债务限额或者给予主要负责人职位晋升上的奖励。而对于绩效评价较低的地方政府，则需进行相应的惩罚，建立问责机制。

8.3.3   提高地方政府债务透明度

尽管目前关于地方政府债务透明度的研究文献还比较少，但有关财政透明度和政府绩效的研究成果已经较为丰富，如在政府绩效和财政透明度的研究领域中，巴斯蒂达和贝尼托（Bastida and Benito，2010）的研究指出，财政透明度提高有助于减少腐败和提高政府经济绩效。埃利斯和芬德（Ellis and Fender，2006）认为，提升财政透明度可以降低政府机会主义行为的出现，可以提高公共资本的使用效率，有助于促进经济增长。提高地方政府债务透明度也有助于提升地方政府债务绩效。地方政府债务透明度是财政透明度在地方政府债务方面的体现，提高地方政府债务透明度意味着公众能够及时清楚地了解地方政府在债券发行和债务投资方面的财政信息，可以使公众从外部视角对地方政府债务绩效做出相关评价。与财政透明度一样，地方政府债务透明度至少应包含三个方面的主要特征：一是完整性，即地方政府所披露的债务信息应当是完整的而非片面的；二是及时性，即地方政府所公布的债务信息是动态更新的，是对当下情况的及时公布而非历史资料的披露，这样才能真正起到公众监督的作用；三是真实性，即地方政府所披露的债务信息必须是真实可靠的，有助于公众做出客观准确的评价。

我国的地方政府债务透明度比较低。国际著名评级机构穆迪曾对我国的地方政府债务进行估计，认为截至 2018 年前三个季度，我国包含隐性债务在内的地方政府债务余额约为 60 万亿元，这一债务总额是显性地方政府债务的 3.3 倍。大量隐性地方政府债务资金脱离预算管理的约束，在"灰色空间"里无序发展，这必然会造成资金使用的低绩效。

8.3.4　推进地方债券发行市场化

为了使地方债券管理更加规范化，2020 年财政部发布了《地方政府债券发行管理办法》，该办法于 2021 年 1 月 1 日正式实施。从该办法的具体内容来看，提高债券发行的市场化水平是该办法的核心要求，如拓宽地方债券发行渠道、按照市场化原则采取多种偿还方式、促进地方政府债券的流动性改善等。从我国地方政府债券发行的实际情况来看，仍然有投资者结构单一、流动性不足等诸多问题，以上诸多问题都与我国地方政府债券发行的市场化程度偏低有着千丝万缕的联系。

银行是我国地方政府债券的主要投资者，若要继续扩大地方政府债券市场规模，必须提高地方政府债券发行的市场化水平。吸引更多机构投资者和个人参与地方政府债券投资，特别是应当建立统一、高效、流动性强的二级市场，使地方政府债券逐渐进入公众投资的视野。地方政府债券发行市场化一方面有助于提高辖区居民对本地区经济建设的参与感和主人翁意识，并发挥公众的舆论监督作用，提高地方政府债务透明度；另一方面地方政府债券发行市场化有助于形成市场化的融资约束激励机制，倒逼地方政府提高债务资金使用绩效以提高自身公信力从而降低融资成本。两方面的作用均可以有效提升地方政府债务的使用绩效。

本 章 小 结

第 8 章主要从三个方面对提高地方政府债务绩效提出了对策建

议。对于地方政府债务过程绩效而言，减少其债务投资的盲目性非常重要。一是债务投入规模要适度；二是要有长远合理的债务投资规划，有助于地方政府债务的可持续发展；三是应选择地方政府具有比较优势的项目去投资，四是要保持地方政府债务投资的可持续性。对于地方政府债务的结果绩效而言，其主要矛盾在于债务产出的供给总量与公共需求的结构不匹配，因此，首先应畅通居民需求表达机制保障适当供给；其次地方政府债务投资的外部环境条件起着非常重要的中介作用，产业结构的优化升级以及适度对外开放都将有助于改善地方政府债务投资的外部环境，提高结果绩效；最后农村地区基础设施建设目前较为薄弱，将部分地方政府债务投资转向农村地区既有助于提高其投资回报率也有利于缩小城乡差距，提高地方政府债务绩效的公平性。尽管同时提高过程绩效和结果绩效存在困难，但完善均衡性转移支付制度可以缩小横向政府间财力差距，并协调纵向政府间事权分配，有助于地方政府获得与事权相匹配的财力，降低其债务负担；过程和结果绩效的提高均需要规范的地方政府债务管理作为前置条件，健全地方政府债务绩效管理体系、提高地方政府债务透明度以及推进地方政府债券发行的市场化等都可以有效提高地方政府债务管理的规范度。

第9章 研究结论及展望

9.1 研究结论

提高地方政府债务资金使用绩效是防范和化解债务风险的核心，使用绩效的高低决定了地方政府如期偿债可能性的大小，也是地方政府再次举债的信用基础。本书通过对我国地方政府债务绩效的测度与分析，得出以下五点结论。

第一，通过逻辑模型的分析框架，发现地方政府债务过程绩效和结果绩效存在不同的作用机理。在过程绩效的因果链条中，投入要素是因，债务产出是果。影响债务过程绩效的内部因素是债务投入，外部因素通过影响生产技术效率影响债务产出。在结果绩效的因果链条中，债务产出是因，投资效果是果。影响债务结果绩效的内部因素是债务产出，外部因素是债务产出发挥作用的中介变量。

第二，地方政府债务绩效包含了经济性、效率性、效益性和公平性四个方面，在对地方政府债务绩效进行测度时应综合考虑。经济性指标和效率性指标共同构成了地方政府债务过程绩效指标。效益性指标和公平性指标共同构成了地方政府债务结果绩效指标。过程绩效与结果绩效的时间趋势变化存在显著不同，过程绩效波动性较大且总体呈现下降趋势而结果绩效一直处于稳定上升状态。政府债务效率趋同与分异并存。对政府债务效率的静态分析表明，不同地区之间技术效率存在趋同效应，都在稳步上升，但规模效率出现了分异，在不同地区，政府应分类施策，不应再单纯依靠粗放式的规模扩大来提高公共产品和服务的供给量，从分析结果的松弛变量来看，确实存在资金投入过多的问题。对政府债务效率的动态分析表明，技术驱动是政府债务效率提高的主要因素，我国的劳动力资源优势不再明显，资本密集型生产的特点凸显，知识和资本密集型生产是未来提高政府债务效率的主攻方向。

第三，从地方政府债务过程绩效的影响因素来看，债务投入对过程绩效存在负向影响，凸显了债务投入过多而回报率降低的事实；环境变量中财政支出分权度与城镇化率对过程绩效的回归系数为负值，其他环境变量均能促进过程绩效的提升；异质性回归分析结果表明，西部地区与东中部地区的作用机理存在较大差异，地方政府在制订债务投融资策略时需要把当地资源禀赋和环境变量因素纳入分析框架，综合研判后因地制宜地确定具体方案。地方政府债务水平对投资效率的影响收到外部条件的制约，其中城镇化率的影响尤为重要，政府的债务投资计划要与城镇化率相匹配，对于城镇化率低于 22.2973% 的地区来说，提高城镇化率应成为政府首要考虑的事情；对于城镇化率高于 50.4045% 的地区来说，提高投资效率或减少债务融资应成为政府的工作重点。

第四，从地方政府债务结果绩效的影响因素来看，债务产出具有负向作用而外部环境变量具有正向作用；对比债务产出与外部环境变量基准回归的结果，发现债务产出的拟合优度低于环境变量，因此采用中介效应检验方法验证了债务产出通过产业结构、市场化程度和对外开放程度三个中介变量对结果绩效发挥作用；三个中介变量均存在门槛效应，产业结构和对外开放程度都具有双门槛效应，市场化程度具有单门槛效应。通过门槛回归分析进一步明确了债务产出通过中介变量对结果绩效产生影响的作用机制。

第五，地方政府债务绩效存在区域差距显著、过程绩效波动性大

难以实现稳态、结果绩效增长性放缓需要新动能、过程与结果绩效的
提高难以兼得等问题，导致这些问题出现的原因有很多，其中最主要
的有地方政府债务存在区域内竞争、地方债务投入面临双重激励困
境、辖区居民的真实需求难以获得、过程与结果绩效实现机制和驱动
因素迥异等。政府债务规模不断增长与其投资回报率的不确定性之间
的矛盾是识别地方政府债务风险问题的核心，即政府债务管理应突出
绩效导向，而不是局限在债务规模和债务限额的管理框架内，合理评
估政府债务投资绩效，提高其投资效率是政府债务绩效管理的必然要
求和应有之义。由于政府债务数据的缺乏，政府债务绩效这一主题的
研究才刚刚开始，相信随着政府债务信息透明度的日益增加，对于该
领域的研究还会更加深入和具体。为此分别从提高过程绩效、提高结
果绩效以及其他相关配套措施等方面提出了对策建议。

9.2 不足之处与展望

本书研究的不足之处主要有两点：一是指标的选取上。不同学者
采取的衡量地方债务绩效的评价指标有较大差异，在指标选取方面主
要遵循了"4E"原则，并尽量结合地方政府债务投资的实践做出选
择。然而有的统计指标确实难以获取，比如公平性这一指标，这一指
标具备较多的主观性，在很大程度上是公众对社会的一种感知。因而
在选取公平性指标时采用了更为客观的能够反映结果的城乡居民收入
公平性和城乡居民消费公平性作为代理变量。二是可能存在未涉及的
领域。本书主要从地方政府债务投资所产生的经济和社会效益出发，
并根据逻辑模型分析框架，将地方政府债务绩效区分为过程绩效与结
果绩效。但是如果从逻辑模型的四要素出发，可能会有投入绩效、活
动绩效、产出绩效和效果绩效的区分等。

当前，我国地方政府债务管理正处在不断规范的过程中，地方政

府债务绩效问题是一个极具理论意义和实践意义的课题。随着中央对地方政府债务管理进入精细化和常态化阶段，地方政府债券市场日益完善，未来地方政府债务绩效必然也会纳入政府绩效常态化的考核中，地方政府对债务绩效的重视程度也会随之进一步提高。另外，随着我国新发展格局的逐步形成，国内需求需要进一步释放，地方政府需要完成从经济建设型政府到公共服务型政府的转变，地方政府债务投资的方向也必然会由轨道交通类基础设施逐步向民生公益性基础设施转变。那么评价其绩效的指标和标准也需要做出相应的调整。对我国地方政府债务绩效的研究还只是一个开始，未来期盼能有更多的学者深入研究该领域，使我国的地方政府能够用好债务这把"双刃剑"。

参 考 文 献

［1］阿马蒂亚·森．以自由看待发展［M］．任赜，于真，译．
北京：中国人民大学出版社，2002．

［2］白积洋，刘成奎．中国地方政府债务可持续、财政空间与
经济增长［J］．经济理论与经济管理，2022，42（8）：61－72．

［3］白金鑫，孙悦．委托代理理论对政府绩效审计的影响［J］．
广西质量监督导报，2020（12）：5－6．

［4］蔡昉，王美艳，都阳．人口密度与地区经济发展［J］．浙江
社会科学，2001（6）：12－16．

［5］蔡红英．政府绩效评估与绩效预算［J］．中南财经政法大学
学报，2007（2）：48－51．

［6］蔡吉恒．从"花钱矩阵"看社保基金监督［J］．中国社会
保障，2019（4）：70－72．

［7］蔡立辉，吴旭红，包国宪．政府绩效管理理论及其实践研
究［J］．学术研究，2013（5）：32－40，159．

［8］陈宝东，邓晓兰．财政分权、金融分权与地方政府债务增
长［J］．财政研究，2017（5）：38－53．

［9］陈建中，谢碧瑶．地方政府债务对省域经济收敛速度的影
响研究［J］．价格理论与实践，2022（5）：154－157．

［10］陈菁，李建发．财政分权、晋升激励与地方政府债务融资
行为——基于城投债视角的省级面板经验证据［J］．会计研究，2015
（1）：61－67，97．

[11] 陈玲，林泽梁，薛澜．双重激励下地方政府发展新兴产业的动机与策略研究 [J]．经济理论与经济管理，2010 (9)：50 – 56.

[12] 陈诗一，张军．中国地方政府财政支出效率研究：1978 – 2005 [J]．中国社会科学，2008 (4)：65 – 78，206.

[13] 陈施颖，钟美．基于 KMV 模型的地方政府债务风险适度性研究——以云南省为例 [J]．中国集体经济，2022 (23)：60 – 62.

[14] 程昊，阎晚晴．关于化解地方债务问题的政策建议 [J]．国际金融，2022 (5)：47 – 51.

[15] 丛树海，周炜，于宁．公共支出绩效评价指标体系的构建 [J]．财贸经济，2005 (3)：37 – 41，97.

[16] 崔竹，李培培，李龙，李璨融．地方政府专项债券风险治理机制创新研究 [J]．中共中央党校（国家行政学院）学报，2022，26 (5)：91 – 97.

[17] [美] 戴维·奥斯本，特德·盖布勒．改革政府 [M]．周敦仁，等译．上海：上海译文出版社，2006.

[18] 邓冬华．幼儿园建设项目财政支出绩效评价分析 [J]．中国产经，2020 (17)：61 – 62.

[19] 刁伟涛，郭慧岩．地方政府债务风险的省际关联和非对称传导——基于一般和专项债券的双网络分析 [J]．金融与经济，2023 (2)：75 – 84.

[20] 刁伟涛，孙晓萱，陈丽茜．人口分化视角下我国县域政府债务风险研究 [J]．地方财政研究，2022 (12)：4 – 13.

[21] 范小云，邹小备，杨昊晰．少儿抚养比如何影响地方政府隐性债务风险——基于土地财政模式的研究 [J]．南开经济研究，2022 (5)：81 – 106.

[22] 范亚琴．防范地方政府债务风险与提高资本利用率 [J]．金融市场研究，2022 (12)：104 – 113.

[23] 傅勇．财政分权、政府治理与非经济性公共物品供给 [J]．

经济研究，2010，45（8）：4-15，65.

［24］高梦捷，彭晓洁，陈铭.地方政府债务与企业风险承担［J］.中国软科学，2023（1）：215-224.

［25］高晓龙，徐夏楠，王双燕.逻辑框架法在城市垃圾处理建设项目后评价中的应用［J］.湖南工程学院学报（自然科学版），2012，22（2）：92-94.

［26］龚锋，雷欣.中国式财政分权的数量测度［J］.统计研究，2010，27（10）：47-55.

［27］龚强，王俊，贾珅.财政分权视角下的地方政府债务研究：一个综述［J］.经济研究，2011，46（7）：144-156.

［28］顾海峰，朱慧萍.地方政府债务是否会影响银行系统性风险——基于土地财政、僵尸贷款及期限错配渠道［J］.经济学家，2023（2）：67-78.

［29］郭传辉.地方政府债务支出效率若干问题思考［J］.地方财政研究，2019（12）：96-100.

［30］郭平，洪源，潘郭钦.多层次、立体的财政支出绩效评价指标体系构建研究——以中部地区某市新农合医疗基金项目绩效评价为例［J］.湖湘论坛，2011，24（1）：91-96.

［31］郭庆旺，贾俊雪.地方政府行为、投资冲动与宏观经济稳定［J］.管理世界，2006（5）：19-25.

［32］郭树华，郑宇轩，蒙昱竹.产业结构升级对城市化推进的影响、效果与机制［J］.工业技术经济，2021，40（1）：22-32.

［33］郭小聪，刘述良.面向公共利益差异性的公共产品供给制度设计［J］.中山大学学报（社会科学版），2008（3）：151-160，209.

［34］郭玉清，薛琪琪，姜磊.地方政府债务治理的演进逻辑与转型路径——兼论中国地方政府债务融资之谜［J］.经济社会体制比较，2020（1）：34-43.

[35] 郭玉清，张妍，薛琪琪．地方政府债务风险的量化识别与防范策略 [J]．中国人民大学学报，2022，36（6）：60－74．

[36] 郭月梅，胡智煜．中国地方政府性债务支出效率评估 [J]．经济管理，2016，38（1）：10－19．

[37] 郭月梅，孙群力．贸易开放与中国地方政府规模关系的实证研究 [J]．管理世界，2009（10）：166－167．

[38] 韩增华．债务风险监控与绩效管理：自地方政府观察 [J]．改革，2010（6）：25－30．

[39] 何德旭，姚战琪．中国产业结构调整的效应、优化升级目标和政策措施 [J]．中国工业经济，2008（5）：46－56．

[40] 何杨，满燕云．地方政府债务融资的风险控制——基于土地财政视角的分析 [J]．财贸经济，2012（5）：45－50．

[41] 洪源，陈丽，曹越．地方竞争是否阻碍了地方政府债务绩效的提升？——理论框架及空间计量研究 [J]．金融研究，2020（4）：70－90．

[42] 胡建兵．完善机制规范管理推进地方债市场化 [N]．中国商报，2020－12－31（001）．

[43] 华瑶，周雨．逻辑框架法在电网建设项目后评价中的应用 [J]．工业技术经济，2011，30（1）：97－102．

[44] 黄春元，王冉冉．人口老龄化、人口流动与地方政府债务 [J]．中央财经大学学报，2022（6）：14－29．

[45] 黄小勇．新公共管理理论及其借鉴意义 [J]．中共中央党校学报，2004（3）：62－65．

[46] 霍旭领．财政分权与政府竞争推升了地方政府债务风险吗？[J]．新疆财经，2023（1）：56－67．

[47] 霍旭领．防范化解地方政府债务风险研究文献综述 [J]．财会研究，2022（10）：13－20．

[48] 吉富星．当前地方政府投融资的规范问题 [J]．开发研究，

2018（3）：105-109.

[49] 贾康，石英华. 我国财政投资支出绩效综合评价框架探讨——基于从宏观决策到项目全周期的通盘视野 [J]. 财贸经济，2011（11）：44-50，137.

[50] 贾康，孙洁. 平衡计分卡（表）方法在财政支出绩效评价中的应用设计初探 [J]. 山东经济，2010，26（1）：5-10.

[51] 姜军，王雨哲. PPP 模式下城市轨道交通项目财政支出绩效评价研究 [J]. 北京建筑大学学报，2019，35（4）：75-82.

[52] 金荣学，胡智煜. 基于 DEA 方法的地方政府性债务支出效率研究 [J]. 华中师范大学学报（人文社会科学版），2015，54（4）：40-46.

[53] 金荣学，宋菲菲. 地方政府性债务支出绩效评价方法比较 [J]. 当代经济，2015（19）：112-113.

[54] 金荣学，宋菲菲. 地方政府债务支出的绩效评价体系研究 [J]. 行政事业资产与财务，2013（5）：31-34.

[55] 金荣学，徐文芸. 中国地方政府债务支出效率研究——基于 CRITIC 赋权和产出滞后效应分析 [J]. 华中师范大学学报（人文社会科学版），2020，59（1）：54-61.

[56] 考燕鸣，王淑梅，马静婷. 地方政府债务绩效考核指标体系构建及评价模型研究 [J]. 当代财经，2009（7）：34-38.

[57] 兰峰，陈雨潞，达卉莉. 地方政府债务规模与公共服务水平交互效应研究 [J]. 财经问题研究，2022（9）：104-113.

[58] 冷霄汉，李季芳. 基于过程与结果关系视角探究我国企业价值观 [J]. 烟台大学学报（哲学社会科学版），2012，25（3）：106-110.

[59] 李程，唐佳鹏. 地方政府债务资金配置效率测算与调整方向研究 [J]. 金融经济，2023（1）：47-58.

[60] 李桂君，田宗博，宋砚秋. 地方政府债务对城市经济高质

量发展的影响研究 [J]. 中央财经大学学报, 2023 (1): 3 – 14.

[61] 李红镝, 敖晶. 我国"地方政府债务风险"研究热点与前沿的可视化分析 [J]. 经济研究导刊, 2023 (3): 134 – 138.

[62] 李静. 地方政府性债务支出效率的实证分析 [J]. 统计与决策, 2017 (17): 164 – 167.

[63] 李腊生, 耿晓媛, 郑杰. 我国地方政府债务风险评价 [J]. 统计研究, 2013, 30 (10): 30 – 39.

[64] 李丽虹, 李淼焱. 地方政府债务支出绩效评价研究 [J]. 行政事业资产与财务, 2017 (25): 14 – 15, 20.

[65] 李森. 现代财政制度视域下财政理论的比较与综合 [M]. 北京: 经济科学出版社, 2017: 292.

[66] 李森. 行政事业资产绩效评价的特殊性及层次性探索 [J]. 行政事业资产与财务, 2012 (15): 12 – 16.

[67] 李书婷, 牛煜. 地方政府债务风险测度与防范——以山西省为例 [J]. 税务与经济, 2022 (6): 92 – 100.

[68] 李双建, 田国强. 地方政府债务扩张与银行风险承担: 理论模拟与经验证据 [J]. 经济研究, 2022, 57 (5): 34 – 50.

[69] 李双建, 田国强. 地方政府债务扩张与银行风险承担: 理论模拟与经验证据 [J]. 社会科学文摘, 2022 (11): 94 – 96.

[70] 李祥云, 陈建伟. 我国财政农业支出的规模、结构与绩效评估 [J]. 农业经济问题, 2010, 32 (8): 20 – 25.

[71] 李晓斌, 顾新, 曾文忠. 新常态下地方政府用好债务资源的路径研究——以 S 省 A 市为例 [J]. 西南民族大学学报 (人文社科版), 2016, 37 (5): 134 – 139.

[72] 李雪儿. 政府债务规模对经济增长的影响研究——基于我国 30 个省份数据 [J]. 金融发展评论, 2022 (7): 17 – 31.

[73] 李颖. 国外地方政府债务治理分析及启示 [J]. 投资与合作, 2022 (11): 31 – 33.

［74］李永刚．地方政府债务规模影响因素及化解对策［J］．中南财经政法大学学报，2011（6）：3－6，142.

［75］林万龙．中国农村公共服务供求的结构性失衡：表现及成因［J］．管理世界，2007（9）：62－68.

［76］刘贯春，程飞阳，姚守宇，张军．地方政府债务治理与企业投融资期限错配改善［J］．管理世界，2022，38（11）：71－89.

［77］刘国永．高等教育财政支出绩效评价指标设计原理、方法及运用［J］．教育与经济，2007（3）：30－35.

［78］刘穷志，卢盛峰．财政支农支出绩效评估与数量优化研究［J］．中南财经政法大学学报，2009（2）：51－56.

［79］刘有贵，蒋竹云．委托代理理论述评［J］．学术界，2006（1）：69－78.

［80］刘子怡，陈志斌．地方政府债务规模扩张的影响研究——基于省级地方政府城投债的经验证据［J］．华东经济管理，2015，29（11）：96－101.

［81］鲁志国，汪行东．城市规模与经济密度对城市经济效率的影响［J］．城市问题，2017（2）：52－60.

［82］陆庆平．公共财政支出的绩效管理［J］．财政研究，2003（4）：18－20.

［83］吕嘉琦，付航．地方政府债务审计困境与对策［J］．合作经济与科技，2022（24）：164－166.

［84］吕健．地方债务对经济增长的影响分析——基于流动性的视角［J］．中国工业经济，2015（11）：16－31.

［85］吕鑫，付文林，周瑞．地方政府债务、行业关联与资源配置效率［J］．财贸经济，2022，43（12）：49－64.

［86］罗斌元，马玉玲．财政支出基本建设项目绩效评价通用指标体系的构建［J］．地方财政研究，2006（9）：17－21.

［87］罗伟卿．财政分权理论新思想：分权体制与地方公共服务

[J]．财政研究，2010（3）：11－15．

[88] 马蔡琛，桂梓椋．基于逻辑模型视角的预算绩效指标建设
[J]．地方财政研究，2019（11）：53－61．

[89] 马恩涛，姜超．基于 AHP－TOPSIS 法的我国地方政府债务
风险测度研究 [J]．南开经济研究，2022（6）：47－68．

[90] 马恩涛，孔振焕．我国地方政府债务限额管理研究 [J]．
财政研究，2017（5）：54－63．

[91] 马恩涛，任海平．党的十八大以来我国地方政府债务治理
的新成就新经验 [J]．地方财政研究，2022（11）：17－25．

[92] 马恩涛，任海平．我国地方政府债务现状、原因分析与因
应对策 [J]．财政监督，2023（6）：19－23．

[93] 马海涛，吕强．我国地方政府债务风险问题研究 [J]．财
贸经济，2004（2）：12－17．

[94] 马金华．地方政府债务：现状、成因与对策 [J]．中国行
政管理，2011（4）：90－94．

[95] 马克思，恩格斯．马克思恩格斯选集（第 3 卷）[M]．编
译局，译．北京：人民出版社，1995．

[96] 马中东，任海平．地方政府债务影响金融生态环境的机理
与效应研究——以山东省 16 地级市面板数据为例 [J]．投资研究，
2022，41（5）：91－104．

[97] [美] 麦克尔·巴泽雷．突破官僚制：政府管理的新愿景
[M]．孔宪遂，王磊，刘忠慧，译．北京：中国人民大学出版社，
2002．

[98] 毛捷，马光荣．政府债务规模与财政可持续性：一个研究
综述 [J]．财政科学，2022（11）：10－41．

[99] 毛捷，王梓旭．基础设施 REITs 助力破解地方政府债务困
境 [J]．中国财政，2022（17）：65－67．

[100] 宓燕．地方政府债务绩效评价指标体系研究 [J]．经济与

管理，2006（12）：64－67．

［101］缪小林，史倩茹．经济竞争下的地方财政风险：透过债务规模看财政效率［J］．财政研究，2016（10）：20－35，57．

［102］缪小林，杨雅琴，师玉朋．地方政府债务增长动因：从预算支出扩张到经济增长预期［J］．云南财经大学学报，2013，29（1）：84－91．

［103］倪筱楠，孙夫祥，郑凯伦．地方政府债务违约风险可控吗？——基于31个省市区的研究［J］．财会通讯，2022（20）：123－127．

［104］倪泽强，汪本强．中国省际公共物质资本存量估算：1981－2013［J］．经济问题探索，2016（2）：71－79．

［105］潘文富，李婷，张如星．基础设施公募REITs与地方政府债务风险化解［J］．当代金融研究，2023，6（2）：34－47．

［106］蒲丹琳，王善平．官员晋升激励、经济责任审计与地方政府投融资平台债务［J］．会计研究，2014（5）：88－93，95．

［107］普雷母詹德．公共支出管理［M］．北京：经济科学出版社，2002．

［108］乔宝云，范剑勇，冯兴元．中国的财政分权与小学义务教育［J］．中国社会科学，2005（6）：37－46，206．

［109］乔宝云，李丽娜．"法治·市场·绩效"理念下的地方政府债务管理［J］．四川师范大学学报（社会科学版），2018，45（6）：30－35．

［110］乔宝云，杨开宇．地方政府债务、房地产市场与基本公共服务［J］．财政研究，2022（9）：120－129．

［111］邱志刚，王子悦，王卓．地方政府债务置换与新增隐性债务——基于城投债发行规模与定价的分析［J］．中国工业经济，2022（4）：42－60．

［112］沈坤荣，付文林．税收竞争、地区博弈及其增长绩效

[J]．经济研究，2006（6）：16－26

[113] 单建军．影子银行、地方政府债务与商业银行稳健性关系研究——基于 VAR 模型的实证分析 [J]．金融发展评论，2022（6）：80－95．

[114] 单卓然，黄亚平．"新型城镇化"概念内涵、目标内容、规划策略及认知误区解析 [J]．城市规划学刊，2013（2）：16－22．

[115] 师玉朋，马海涛．县域公共服务供需结构匹配度评价——基于云南省的个案分析 [J]．财经研究，2015，41（11）：34－43．

[116] 石子印，孙榕．经济增长目标、地方政府债务与激进城镇化——基于空间杜宾模型及中介效应的实证研究 [J]．会计之友，2023（3）：48－54．

[117] 时红秀．地方政府债务风险的现状分析与未来展望 [J]．银行家，2019（10）：14－17．

[118] 司海平，宋文娟．地方债务融资、基础设施与产业结构升级 [J]．经济问题探索，2022（7）：139－149．

[119] 宋常，聂明谏，秦超．地方政府债务风险系统溯源与仿真分析 [J]．上海金融，2023（1）：2－10，37．

[120] 宋德安．公共品需求曲线"虚假"性的理论阐释 [J]．西北大学学报（哲学社会科学版），2007（6）：52－57．

[121] 苏虹多．我国地方政府专项债券的风险分析及对策 [J]．财会研究，2023（2）：22－28．

[122] 唐滔，王紫薇．疫情冲击下地方政府债务可持续性研究 [J]．金融发展研究，2022（10）：33－39．

[123] 唐玮，胡超，赵燕．地方政府债务影响企业社会责任履行吗？[J]．财经论丛，2022（10）：71－80．

[124] 田珊珊．甘肃省地方政府债务风险时空格局分析 [J]．合作经济与科技，2023（5）：177－179．

[125] 田时中，李光龙，周余倩，李景晨．我国财政支出绩效

评价研究现状及评述——基于 CNKI 相关文献计量分析 [J]. 地方财政研究，2015（6）：36－40，46.

[126] 田时中，田淑英，钱海燕. 财政科技支出项目绩效评价指标体系及方法 [J]. 科研管理，2015，36（S1）：365－370.

[127] 王柏杰. 地方政府债务与私人投资——基于门槛效应与双向因果关系的实证分析 [J]. 山西财经大学学报，2022，44（6）：42－55.

[128] 王德祥，李建军. 人口规模、"省直管县"对地方公共品供给的影响——来自湖北省市、县两级数据的经验证据 [J]. 统计研究，2008，25（12）：15－21.

[129] 王涵，工婕，尹俊雅. 政府驻地迁移如何影响地方政府债务 [J]. 经济理论与经济管理，2022，42（5）：65－77.

[130] 王茂庆，巩岱贤. 地方政府债务监管路径的反思与超越 [J]. 金融发展研究，2022（11）：85－90.

[131] 王淑慧，周昭，胡景男，李辉. 绩效预算的财政项目支出绩效评价指标体系构建 [J]. 财政研究，2011（5）：18－21.

[132] 王淑梅，考燕鸣. 试论构建地方政府债务绩效考核指标体系 [J]. 改革与战略，2008（4）：26－28.

[133] 王思文，管新帅. 地方公共品供给目标协同与需求模式转变 [J]. 甘肃社会科学，2015（5）：214－217.

[134] 王素芬，姜睿轩，朱德云. 养老服务财政支持政策匹配度研究——以 S 省为例 [J]. 公共财政研究，2020（4）：35，36－51.

[135] 王叙果，张广婷，沈红波. 财政分权、晋升激励与预算软约束——地方政府过度负债的一个分析框架 [J]. 财政研究，2012（3）：10－15.

[136] 王雅龄，赵杰，马骥. 地方政府融资与土地资本化：基于财政风险矩阵的分析 [J]. 财政研究，2010（11）：17－20.

[137] 王彦平，陈绍坚，尹迎港．人口老龄化对地方政府债务的影响——基于空间杜宾模型的分析 [J]．成都师范学院学报，2022，38（7）：105-114．

[138] 王雁．公共财政支出绩效评价体系的构建 [J]．西北师大学报（社会科学版），2011，48（4）：121-126．

[139] 王雍君．财政绩效评价盲点 [J]．新理财（政府理财），2016（10）：26-27．

[140] 王永钦，陈映辉，杜巨澜．软预算约束与中国地方政府债务违约风险：来自金融市场的证据 [J]．经济研究，2016，51（11）：96-109．

[141] 王泽彩．加强地方政府债务绩效管理的几点思考 [N]．中国财经报，2019-11-02（007）．

[142] 王志锋，葛雪凝．行政区划调整影响了地方政府债务吗——基于254个城市撤县设区的实证研究 [J]．宏观经济研究，2022（6）：161-175．

[143] 温来成，张庆澳．在推进省以下财政体制改革进程中加强地方政府债务管理 [J]．地方财政研究，2022（9）：29-35．

[144] 温忠麟，叶宝娟．中介效应分析：方法和模型发展 [J]．心理科学进展，2014，22（5）：731-745．

[145] 吴建南，刘佳．构建基于逻辑模型的财政支出绩效评价体系——以农业财政支出为例 [J]．中南财经政法大学学报，2007（2）：69-74，143．

[146] 吴俊培，徐彦坤．县级政府债务空间竞争机制与识别研究 [J]．制度经济学研究，2019（2）：1-30．

[147] 吴小强，韩立彬．中国地方政府债务竞争：基于省级空间面板数据的实证研究 [J]．财贸经济，2017，38（9）：48-62．

[148] 吴茵．地方政府债务与产业结构转型升级关系研究——基于面板向量自回归模型的实证分析 [J]．价格理论与实践，2022

（4）：129－132.

［149］伍星星.中国地方政府债务效率研究［J］.时代金融，2022（12）：33－36，82.

［150］项后军，巫姣，谢杰.地方债务影响经济波动吗［J］.中国工业经济，2017（1）：43－61.

［151］谢昭琼.影响我国东西部对外贸易差距的因素［J］.国际贸易问题，2002（8）：33－36.

［152］谢卓廷，王自力.政府主导区域一体化的经济增长差异分析——基于工业水平视角的 PSM－DID 实证研究［J］.经济问题探索，2020（11）：132－143.

［153］熊毅，粟勤.地方政府债务、金融发展水平与新型城镇化高质量发展［J］.统计与决策，2022，38（23）：112－116.

［154］徐建中，夏杰，吕希琛，邹浩.基于"4E"原则的我国政府预算绩效评价框架构建［J］.社会科学辑刊，2013（3）：132－137.

［155］徐林，侯林岐，程广斌.财政分权、晋升激励与地方政府债务风险［J］.统计与决策，2022，38（12）：141－145.

［156］徐晓雯，陶蕾伊.预算绩效视角下地方政府债务管理研究［J］.公共财政研究，2019（3）：65－75.

［157］许弟伟.地方政府债务风险的传导机制与协同治理［J］.宏观经济管理，2022（8）：57－64.

［158］薛菁.地方政府债务绩效管理：评价机制与实施基础［J］.太原理工大学学报（社会科学版），2014，32（2）：44－47.

［159］薛阳，薛冲，冯银虎，胡丽娜.财政分权、地方政府债务与区域创新［J］.统计与决策，2022，38（11）：155－158.

［160］亚当·斯密.国民财富的性质和原因的研究（上卷）［M］.郭大力，王亚南，译.北京：商务印书馆，1972.

［161］闫坤，冯明.以"一风险＋两效率"为主线的地方政府

债务绩效评价研究 [J]. 中国财政, 2020 (2): 53 - 55.

[162] 杨宝昆, 刘芳. 地方政府债务绩效管理的思考 [J]. 新理财 (政府理财), 2019 (10): 32 - 34.

[163] 杨本建, 王珺. 地方政府合作能否推动产业转移——来自广东的经验 [J]. 中山大学学报 (社会科学版), 2015, 55 (1): 193 - 208.

[164] 杨成钢, 李海宾. 人口迁移、住宅供需变化与区域经济发展——对当前国内城市 "抢人大战" 的经济学分析 [J]. 理论探讨, 2019 (3): 93 - 98.

[165] 杨瑞桐, 李婧溪, 刘春志, 汤蕙. 地方政府债务结构对企业创新影响的实证检验 [J]. 统计与决策, 2022, 38 (23): 138 - 143.

[166] 杨胜利, 黄世润. 地方政府债务规模影响因素与区域差异研究——基于中国省级面板数据的分析 [J]. 云南财经大学学报, 2022, 38 (5): 70 - 79.

[167] 杨万平, 张振亚, 郭璐瑶. 稳增长背景下中国省级政府债务对经济增长及波动的影响研究 [J]. 经济问题探索, 2022 (6): 13 - 27.

[168] 杨志安, 杨枫. 我国地方政府债务风险测算及可持续性分析 [J]. 地方财政研究, 2022 (10): 55 - 63.

[169] 杨志锦. 31 省份 2022 隐性债务化解报告: 七省份超额完成任务有些新变化 [N]. 21 世纪经济报道, 2023 - 02 - 15 (002). DOI: 10. 28723/n. cnki. nsjbd. 2023. 000490.

[170] 姚凤民. 财政支出绩效评价: 国际比较与借鉴 [J]. 财政研究, 2006 (8): 77 - 79.

[171] 姚洋, 杨雷. 制度供给失衡和中国财政分权的后果 [J]. 战略与管理, 2003 (3): 27 - 33.

[172] 姚宇, 刘育红. 劳动力稀缺、人力资本深化和人的自由

全面发展——对我国现阶段人的自由全面发展的理论探析［J］.西部商学评论，2009，2（2）：125－133.

［173］约翰·罗尔斯.正义论［M］.何怀宏，何包钢，廖申白，译.北京：中国社会科学出版社，2001.

［174］臧乃康.政府绩效的复合概念与评估机制［J］.南通师范学院学报（哲学社会科学版），2001（3）：25－29.

［175］张帆，孟磊，毛佳莹.财政不平衡、转移支付与地方政府债务融资［J］.江南大学学报（人文社会科学版），2022，21（5）：27－39.

［176］张贺.地方政府专项债、公共投资与经济增长［J］.经济问题探索，2022（11）：66　77.

［177］张恒龙，陈宪.当代西方财政分权理论述要［J］.国外社会科学，2007（3）：19－24.

［178］张吉军，金荣学，张冰妍.高质量发展背景下地方政府债务绩效评价体系构建与实证——以湖北省为例［J］.宏观质量研究，2018，6（4）：32－44.

［179］张晶，岳爽.人口流动影响地方政府债务水平吗？——基于中国地级市的实证研究［J］.东岳论丛，2022，43（2）：122－135.

［180］张军，高远，傅勇，张弘.中国为什么拥有了良好的基础设施？［J］.经济研究，2007（3）：4－19.

［181］张军，吴桂英，张吉鹏.中国省际物质资本存量估算：1952－2000［J］.经济研究，2004（10）：35－44.

［182］张力毅.债务置换与债务调整：中美地方政府债务困局解决方案比较［J］.地方财政研究，2022（8）：101－112.

［183］张牧扬，潘妍，范莹莹.减税政策与地方政府债务——来自增值税税率下调的证据［J］.经济研究，2022，57（3）：118－135.

［184］张甜，曹廷求．地方财政风险金融化：来自国企债券信用利差的证据［J］．财经科学，2022（8）：18－31.

［185］张维迎．所有制、治理结构及委托—代理关系——兼评崔之元和周其仁的一些观点［J］．经济研究，1996（9）：3－15，53.

［186］张文君，李弘雯．区域市场化程度与地方政府债务规模：抑制还是促进［J］．西安财经大学学报，2022，35（5）：76－85.

［187］张璇，张梅青，唐云锋．地方政府债务风险与金融风险的动态交互影响研究——基于系统动力学模型的政策情景仿真［J］．经济与管理研究，2022，43（7）：3－15.

［188］张羽，于谦龙．地方政府债务绩效管理研究——以上海市为例［J］．财会研究，2019（6）：12－16.

［189］章建石，孙志军．AHP法在高校财政支出绩效评价中的应用［J］．扬州大学学报（高教研究版），2006（1）：21－25.

［190］章磊，张艳飞，李贵宁．财政支出项目绩效评价指标体系设计框架及其应用研究［J］．当代财经，2008（8）：50－54.

［191］赵爱玲，李顺凤．地方政府债务绩效审计质量控制评价指标体系研究［J］．西安财经学院学报，2015，28（2）：34－38.

［192］赵丹，耿泠溪．新发展理念下地方政府债务风险再审视［J］．山西财税，2022（12）：38－41.

［193］赵全厚．风险预警、地方政府性债务管理与财政风险监管体系催生［J］．改革，2014（4）：61－70.

［194］赵全厚．我国地方政府性债务问题研究［J］．经济研究参考，2011（57）：2－19.

［195］赵全厚，许静．商业银行信贷配置对地方政府债务风险的影响研究［J］．宏观经济研究，2022（3）：16－29，81. DOI：10.16304/j. cnki. 11－3952/f. 2022.03.009.

［196］赵旭霞，田国强．地方政府债务与银行同业业务：理论

分析与经验证据［J］. 经济学（季刊），2023，23（1）：159－176.

［197］赵玉梅. 提升廊坊市地方政府债务风险绩效管理水平的路径研究［N］. 廊坊日报，2016－09－06（003）.

［198］郑方方，陈素云，蒋格格. 我国地方政府债务绩效管理体系的构建及展望［J］. 地方财政研究，2022（12）：24－31.

［199］郑洁，刘盼盼. 地方政府债务规模、新型城镇化与区域经济增长［J］. 统计与决策，2022，38（7）：142－145.

［200］郑金宇，钟玮. 地方政府债务对经济增长的非线性影响［J］. 统计与决策，2022，38（24）：149－153.

［201］中国财政科学研究院，中国财政学会投融资研究专业委员会，深圳金砖城市先导基金管理有限公司. 中国：政府投融资发展报告（2017）［M］. 北京：经济科学出版社，2018.

［202］周小亮. 新古典经济学市场配置资源论及其启示［J］. 经济学动态，2001（3）：64－66.

［203］朱德云，孙若源. 地方财政对转移支付长期依赖问题：理论机制及治理选择［J］. 财政研究，2018（9）：81－92，105.

［204］朱军，袁金建，宋成校. 中国地方政府债务风险预警的新机制构建与实证评估——一个经济综合与随机占优效率融合的视角［J］. 社会科学战线，2022（6）：68－78.

［205］朱军. 中国地方政府债务：现状、特征及治理对策［J］. 贵州省党校学报，2022（6）：95－102.

［206］朱利，曹鸿杰. 金融发展是否控制了地方政府债务规模？——基于金融规模、效率、结构三维视角的实证检验［J］. 新疆财经大学学报，2023（1）：40－49.

［207］朱文蔚，李玉权，陈蕾兰. 地方政府债务发展演化及风险研判——以广西为例［J］. 金融发展评论，2022（4）：22－36.

［208］朱颖. 地方政府债务对金融风险的空间外溢效应研究［J］. 投资与创业，2022，33（15）：15－17.

［209］祝云. 地方财政科技支出项目绩效评价研究［J］. 软科学, 2008（2）: 49 - 53, 60.

［210］Afonso Antonio, Sónia Fernandes. Assessing and Explaining the Relative Efficiency of Local Government: Evidence for Portuguese Municipalities［J］. SSRN Electronic Journal, 2005, 37（5）: 1946 - 1979.

［211］Andrews, Rhys, Boyne, George A, Gareth Enticott. Performance Failure in the Public Sector: Misfortune or Mismanagement?［J］. Public Management Review, 2006（8）: 273 - 296.

［212］António Afonso. Ludger Schuknecht, Vito Tanzi. Public Sector Efficiency: An International Comparison［J］. Public Choice, 2005, 123（3 - 4）: 321 - 347.

［213］Banker R D, Charnes A, Cooper W W. Some Models for Estimating Technical and Scale Inefficiencies in DEA［J］. Management Science, 1984, 30（9）: 1078 - 1092.

［214］Bastida F, Benito B. Central Government Budget Practices and Transparency: An International Comparison［J］. Public Administration, 2010, 85（3）: 667 - 716.

［215］Bohn, H. The Sustainability of Fiscal Policy in the United States［J］. CESifo Working Paper Series, 2005（4）.

［216］Boyne, George A, Alex A. Chen. Performance Targets and Public Service Improvement［J］. Journal of Public Administration Research and Theory, 2006（17）: 455 - 477.

［217］Brennan G, Buchanan J M. The Power to Tax: Analytical Foundations of a Fiscal Constitution［M］. New York: Cambridge University Press, 1980.

［218］Buchanan J M. Federalism and Fiscal Equity［J］. The American Economic Review, 1950, 40（4）: 583 - 599.

［219］ Cai H, Treisman D. Did Government Decentralization Cause China's Economic Miracle? ［J］. World Politics, 2006, 58 (4): 505 – 535.

［220］ Charnes A, Cooper W W, Rhodes E. Measuring the Efficiency of Decision Making Units ［J］. European Journal of Operational Research, 1978 (2): 429 – 444.

［221］ Christopher Hood. A Public Management for All Seasons ［J］. Public Administration, 1991, 49 (1): 4 – 5.

［222］ Cruz N F D, Marques R C. Revisiting the Determinants of Local Government Performance ［J］. Omega, 2014, 44 (2): 91 – 103.

［223］ De Lancer Julnes, P. Performance Measurement: An Effective Tool for Government Accountability? The Debate Goes On ［J］. Evaluation, 2006, 12 (2): 219 – 235.

［224］ Douglas W. Caves, Laurits R. Christensen, W. Erwin Diewert. The Economic Theory of Index Numbers and the Measurement of Input, Output, and Productivity ［J］. Econometrica, 1982, 50 (6): 1393 – 1414.

［225］ Ellis C J, Fender J. Corruption and Transparency in a Growth Model ［J］. International Tax and Public Finance, 2006, 13 (2 – 3): 115 – 149.

［226］ Esteban G. Dalehite. Determinants of Performance Measurement: An Investigation into the Decision to Conduct Citizen Surveys ［J］. Public Administration Review, 2008, 68 (5): 891 – 907.

［227］ Ferreira S G, Varsano R, Afonso J R. Inter – Jurisdictional Fiscal Competition: A Review of the Literature and Policy Recommendations ［J］. Revista de Economia Política, 2005, 25 (3): 295 – 313.

［228］ Guy B. Adams. Enthralled with Modernity: The Historical Context of Knowledge and Theory Development in Public Administration

[J]. Public Administration Review, 1992, 52 (4): 363 – 373.

[229] Harley K. Learning from Logframes: Reflections on Three Educational Development Projects in East and Southern Africa [J]. Compare: A Journal of Comparative and International Education, 2005, 35 (1): 27 – 42.

[230] Hayek F A V. The Use of Knowledge in Society [J]. American Economic Review, 1945, 35 (4): 519 – 530.

[231] Kirkpatrick L O, Smith M P. The Infrastructural Limits to Growth: Rethinking the Urban Growth Machine in times of Fiscal Crisis [J]. International Journal of Urban and Regional Research, 2011 (35): 477 – 503.

[232] Knoll L, Senge K. Public Debt Management between Discipline and Creativity: Accounting for Energy Performance Contracts in Germany [J]. Historical Social Research, 2019, 44 (2): 155 – 174.

[233] Kwon. Performance Budgeting: Effects on Government Debt and Economic Growth [J]. Applied Economics Letters, 2018, 25 (6): 1 – 5.

[234] Lee H B, Young S K, Lee J. A Study for Improving Performance of Financial Expenditure in Local Governments: Based on an Empirical Analysis of Relationship Between Financial Expenditure and Performance [J]. The Journal of Korean Policy Studies, 2011, 11 (2): 285 – 306.

[235] Levitin A J. Bankrupt Politics and the Politics of Bankruptcy [J]. Cornell Law Review, 2012 (97): 1399 – 1459.

[236] Lobao L M, Adua L. State Rescaling and Local Governments' Austerity Policies across USA, 2001 – 2008 [J]. Cambridge Journal of Regions, Economy and Society, 2011 (4): 419 – 435.

[237] Malmquist S. Index Numbers and Indifference Surfaces [J].

Trabajos De Estadistica, 1953, 4 (2): 209 – 242.

[238] Marris, R. A Model of the "Managerial" Enterprise [J]. The Quarterly Journal of Economics, 1963, 77 (2): 185 – 209.

[239] Musgrave R A. Theories of Fiscal Federalism [J]. Public Finance, 1969 (24): 521 – 536.

[240] Niu W J, Lei T. Research on Performance Evaluation and Performance Budget of Fiscal Expenditure with Information Technology [J]. Applied Mechanics & Materials, 2014, 687 – 691: 4807 – 4810.

[241] Oates W E. An Essay on Fiscal Federalism [J]. Journal of Economic Literature, 1999, 37 (3): 1120 – 1149.

[242] OECD. Evaluation and Aid Effectiveness No. 6 – Glossary of Key Terms in Evaluation and Results Based Management (in English, French and Spanish) [R]. Paris: OECD Publishing, 2002.

[243] Peck J. Austerity Urbanism: American Cities under Extreme Economy [J]. City, 2012 (16): 621 – 650.

[244] Peck J. Pushing Austerity: State Failure, Municipal Bankruptcy and the Crises of Fiscal Federalism in the USA [J]. Cambridge Journal of Regions, Economy and Society, 2014, 7 (1): 17 – 44.

[245] Qian Yingyi, Roland Gerard. Fedralism and the Soft Budget Constrain [J]. American Economic Review, 1998, 88 (5): 1143 – 1162.

[246] Qian Y Y, Weingast B R. Federalism as a Commitment to Preserving Market Incentives [J]. Working Papers, 1997, 11 (4): 83 – 92.

[247] Rolf Färe, Shawna Grosskopf, Mary Norris and Zhongyang Zhang. Productivity Growth, Technical Progress, and Efficiency Change in Industrialized Countries [J]. The American Economic Review, 1994, 84 (1): 66 – 83.

[248] Samuelson P A. The Pure Theory of Public Expenditure [J]. The Review of Economics and Statistics, 1954, 36 (4): 387 – 389.

[249] Sharpe L J. Theories and Values of Local Government [J]. Political Studies, 1970 (18): 153 – 74.

[250] Si L B, Qiao H Y. Performance of Financial Expenditure in China's Basic Science and Math Education: Panel Data Analysis Based on CCR Model and BBC Model [J]. Eurasia Journal of Mathematics, Science and Technology Education, 2017, 13 (8): 5217 – 5224.

[251] Theodore C. Bergstrom and Robert P. Goodman. Private Demands for Public Goods [J]. The American Economic Review, 1973, 63 (3): 280 – 296.

[252] Thomas E. Borcherding and Robert T. Deacon. The Demand for the Services of Non – Federal Governments [J]. The American Economic Review, 1972, 62 (5): 891 – 901.

[253] Tiebout C M. A Pure Theory of Local Expenditures [J]. Journal of Political Economy, 1956, 64 (5): 416 – 424.

[254] Vinzant, Janet C, Lane Crothers. Street – Level Leadership: Discretion and Legitimacy in Front – Line Public Service [M]. Washington, DC: Georgetown Univ. Press, 1998

[255] Walker, Richard M, Andrews, Rhys, Boyne, George A, Meier, Kenneth J, Laurence J. O'Toole, Jr, Wake up Call: Strategic Management, Network Alarms and Performance [J]. Public Administration Review, 2010 (70): 731 – 741.

[256] Wallace E O. Fiscal Federalism [M]. New York: Harcourt Brace Jovanovic, 1972: 35

[257] Weingast B R. The Economic Role of Political Institutions: Market – Preserving Federalism and Economic Development [J]. Journal of Law, Economics & Organization, 1995, 11 (1): 1 – 31.

[258] Williamson O E. Managerial Discretion and Business Behavior [J]. The American Economic Review, 1963, 53 (5): 1032 – 1057.

[259] Xu C. The Fundamental Institutions of China's Reforms and Development [J]. Journal of Economic Literature, 2011, 49 (4): 1076 – 1151.

[260] Zhuravskaya E V. Incentives to Provide Local Public Goods: Fiscal Federalism, Russian Style [J]. Journal of Public Economics, 2000 (76): 337 – 368.

致　　谢

本书能够得以出版，需要感谢的人很多，既有我的同学挚友，也有我的师长和同仁们。我生于泰山脚下，求学燕京之地，工作黄海之滨，在不同的人生阶段总有一段难以忘怀的珍贵回忆。然而在"泉城"济南攻读博士学位的这段经历注定将会成为我人生道路上最重要的里程碑。2017年，我有幸被山东财经大学财政税务学院录取，攻读财政学博士学位。初入校门时，异常兴奋，既兴奋于来到新的环境，即将开始新征程；又兴奋于离最初的梦想更近了一步，仿佛自己无所不能。然而接下来的日子并没有想象中那么美好，考上博士与成为博士之间还有一条充满坎坷的"长征路"。在高校工作十年的经历似乎也没有使我的博士求学之路变得更为容易。有人说"未曾长夜痛哭者，不足以语人生"，初闻不解其中意，转瞬已成语中人。无数次看过凌晨一点、两点、三点、四点、五点的济南，无数次克服投稿后的忐忑、拒稿后的失落、审稿后的紧张情绪，我才磕磕绊绊地走到今天。

首先要感谢的是我的恩师朱德云教授。古人云："经师易遇，人师难遇"，初见朱老师只觉得"望之俨然"，印象中每次见老师，她总是端坐在办公桌前，很专注地思考，在她抬头之前我都不忍打扰；但随着与老师的接触日渐增多，则觉得老师"即之也温"，老师也会经常跟我们聊日常生活，听到我的文章被录用，老师激动地和我击掌祝贺，那一刻仿佛我们仅仅是老朋友；然而老师真正让我佩服的是"听其言也厉"。即便是与我们这些学生相处，老师也从来都是言必信，行必果，老师的一言一行皆成为我学习的榜样。我博士毕业论文的写作自始至终都离不开老师的指导！甚至老师在外出开会的休息时间里还在想着如何使我的论文题目能更加契合论文内容。

感谢山东财经大学财政税务学院的岳军老师、李森老师！两位老师的博学睿智对我影响至深。岳老师学识渊博，经常引经据典，对许多问题都有独到的见解；李老师善于思辨，他的课堂总能引发许多值得深入思考的问题。感谢在论文开题和写作过程中给予我指导的马恩涛老师、谢申祥老师、申亮老师、郭磊老师、晁毓欣老师！我深受启发，获益匪浅。感谢马静老师，在一起钻研课题的过程中，从马静老师身上学到诸多经验。感谢财政税务学院为我提供良好的学习和科研氛围，使我可以经常聆听到学术专家们的专业报告，感受知识的深度和广度。感谢工商管理学院的梁阜老师，在我踏入科研之门时慷慨赠书，给予我方法论的指导。感谢初入校门时为我们讲授博士生课程的李国锋老师、沈大光老师、高永红老师、钱兴旺老师、李启航老师等，他们的耐心讲解真正诠释了传道授业解惑的师者之道。

感谢一直陪伴在我身边的同学、朋友、同门师兄弟姐妹们！已经毕业的董迎迎师姐、孙若源师兄尽管早已离开校园，但是在我向他们寻求帮助时，他们总是及时为我答疑解惑，给予精神上的鼓励和支持；远在中国人民大学读博的王斌师弟、在中央财经大学读博的孙成芳师妹均多次帮助我收集难得的文献资料，解决我的燃眉之急；特别感谢中国海洋大学的张樨樨老师，在论文写作过程中，张樨樨老师多次对我提供帮助和指导，拓宽了我的研究视野和思路；感谢博士4年中一起陪伴我学习成长的刘慧师妹、王婷师妹、刘倩师妹、刁瑞敏师妹、崔紫荣师妹、高焱域师妹、袁月师妹、吴廷帅师弟、王溪师妹、刘晓萌师妹、彭冲师弟、王慧莹师妹、王鸿梓师妹、边宪越师弟，在我论文写作过程中，他们的鼓励给了我战胜困难的决心和勇气；感谢2017级博士班的所有同学们，特别是闫世玲和冯秀菊这两位亲密"战友"，在我们一起向博士学位发起"冲锋"的日子里，感谢你们的真诚陪伴，让我能够一直坚持最初的梦想。

感谢我最亲爱的家人。父母的支持和关爱是我最坚硬的"铠甲"，在我很小的时候，他们就一直教育我读书以明理，在我参加工作以后也鼓励我要坚持学习，继续深造；感谢我的丈夫时贞军先生，尽管他一直工作繁忙，但关键时刻总能挺身而出，为我分忧。在4年的博士生求学生涯中，时先生的包容理解是最暖心的存在；感谢我的女儿，在我无数次拒绝你外出游玩的请求时，你还能那么爱我，这使我下定决心要成为更好的自己，成为现在和未来你都会一直尊敬的人！

感谢山东财经大学！"克明峻德　格物致知"是学校教给我的做人、做事、做学问的境界！衷心祝愿山东财经大学越来越好！衷心祝愿我的老师们、同学们、家人们、朋友们身体健康，永远快乐！

2021年9月，我毕业后顺利进入山东女子学院经济学院工作，在这里遇到了很多志同道合、一起奋斗的"战友"！而且非常幸运的是，我赶上了山东女子学院成立70周年华诞，也赶上了女院踔厉奋发，跨越式发展的重要节点。在入校近两年的时间里，我对山东女子学院的认识从模糊到逐渐清晰，特别是在经济学院工作的这段时间，得益于领导们和众多同事的大力帮助和支持，我感觉自己学到很多，颇有进益。

经济学院的工作氛围是催人奋进的，置身其中，总有种不进则退的危机感，我身边有太多优秀的同事，像我们国贸教研室的赵蕾老师、孙海洋老师、李众宜老师等，他们在教学、科研和生活中都给了我很多的启发和帮助。我一直认为，不管什么职业，都是一种向社会学习的途径，都是一个促使自身成长的舞台。但是舞台不同，成长快慢还是有很大区别，山东女子学院竭尽所能地为我们搭建了最好的舞台。特别是我们正处于这样一个充满不确定性的时代，外界的环境和机会都是不确定的、不可控的因素，相比而言，我们的工作和生活态度是相对稳定、可控的因素。环境会变、生活会变、就连行业和赛道都可能瞬间消散。你唯一可以相信的，是一个不断进步的自己。坚持以正确的态度做事，"合抱之木，生于毫末；九层之台，起于累土"，我们也要着眼未来，把握现在。在未来与现在之间架起一把"梯子"，将手头的事情一件一件做好，这把"梯子"就会越来越长，相信最终会带着我们抵达未来。

最后想要勉励自己的是"风风雨雨是常态，风雨兼程是状态，永远做最好的自己"。

取乎其上，得乎其中，征途漫漫，唯有奋斗！

王素芬

2023 年 3 月于山东济南